北京市科学技术协会首都科普主题研学基地建设项目成果

探究紫禁城

首都科普主题研学基地课程知识手册

果美侠◎主　编
邓晨钰◎副主编

北京·旅游教育出版社

图书在版编目（CIP）数据

探究紫禁城：首都科普主题研学基地课程知识手册 / 果美侠主编. -- 北京：旅游教育出版社，2022.10
　ISBN 978-7-5637-4482-4

Ⅰ. ①探⋯ Ⅱ. ①果⋯ Ⅲ. ①故宫－北京－青少年读物 Ⅳ. ①K928.74-49

中国版本图书馆CIP数据核字（2022）第199524号

探究紫禁城——首都科普主题研学基地课程知识手册
果美侠　主　编
邓晨钰　副主编

策　　划	丁海秀　黄明秋
责任编辑	巨瑛梅
出版单位	旅游教育出版社
地　　址	北京市朝阳区定福庄南里1号
邮　　编	100024
发行电话	（010）65778403　65728372　65767462（传真）
本社网址	www.tepcb.com
E - mail	tepfx@163.com
排版单位	北京旅教文化传播有限公司
印刷单位	唐山玺诚印务有限公司
经销单位	新华书店
开　　本	787毫米 × 1092毫米　1/16
印　　张	9.25
字　　数	154千字
版　　次	2022年10月第1版
印　　次	2024年1月第2次印刷
定　　价	56.00元

（图书如有装订差错请与发行部联系）

Foreword

　　2021年，故宫博物院承担北京市科学技术协会"首都科普主题研学基地建设项目"，围绕紫禁城建筑与藏品，推出十五个探究式课程。此书，即是该项目课程知识内容的汇编。

　　故宫作为世界现存最大、保存最完整的古代宫殿建筑群，是中国古代劳动人民的智慧创造，是中华五千年文明的承载者，是中华优秀传统文化的汇集地。在此基础上建立起来的故宫博物院，既根植于传统，也无时无刻不面向未来，始终将发挥博物馆教育职能作为重要工作。故宫博物院教育团队充分利用场馆的独特空间，在"首都科普主题研学基地建设项目"所倡导的"传播科学思想与方法"理念指导下，设计并推出十五个课程。课程以小学、初中学生为主要对象，主题涵盖影壁、烫样、桥、排水系统、屋顶、屋脊兽、彩画、窗、石子路、日晷、钟表、大水缸、山石、看门瑞兽和屏风等方面。课程中，我们带领学生通过观察、对比、归纳、分析、推理、演绎及实验等方法进行学习，在帮助其收获知识的同时，更加注重培养综合学习能力，如收集和处理信息的能力、获取新知识的能力、分析和解决问题的能力、独立思考以及交流合作的能力，让学生在探究中得到智慧的启迪和能力的提升。

　　本书的各位作者，也是项目参与者、课程开发者。在课程研发过程中，每一位作者结合相关主题，查阅大量文献档案，针对学生兴趣点，从教育角度出发，对相关历史文化知识进行学术梳理，以展示紫禁城建筑与藏品背后古代人文与科技的魅力。

　　本书的出版，将为"首都科普主题研学基地建设项目"画上一个圆满的句号，也希望借此为广大师生呈现一份既专业又有趣的科普读物，带领大家用另一种方式阅读和领略紫禁城。

- 木石成叠嶂，光溢艳琉璃
    ——紫禁城的影壁 ················· 于澄瑶 / 001

- 匠心独具，精妙绝伦
    ——紫禁城的烫样 ················· 董蕾 / 010

- 水中之梁，通山之径
    ——紫禁城的桥 ··················· 林德祺 / 018

- 涓流尽汇，水落归漕
    ——紫禁城的排水系统 ············· 林德祺 / 028

- 檐牙高啄，建筑之巅
    ——紫禁城的屋顶 ················· 刘翠 / 036

- 屋脊上的小精灵
    ——紫禁城的屋脊兽 ··············· 谭梓欣 / 043

- 雕梁画栋，异彩纷呈
    ——紫禁城的彩画 ················· 赵继凤 / 050

- 凿窗启牖，以助户明
  ——紫禁城的窗 ················· 王可心 / 067

- 积跬步，品历史
  ——紫禁城的石子路 ················· 陈曦 / 080

- 日影计时的奥秘
  ——紫禁城的日晷 ················· 高宏远 / 089

- 时光荏苒忆华夏
  ——紫禁城的钟表 ················· 梁爽 / 096

- 贮水太平护宫城
  ——紫禁城的大水缸 ················· 李颖翀 / 103

- 诗情画意，野致自然
  ——紫禁城的山石 ················· 杨羿 / 112

- 宫阙深深，瑞兽迎门
  ——紫禁城的看门瑞兽 ················· 谭梓欣 / 120

- 穿越千年的"中国风"
  ——紫禁城的屏风 ················· 阚红敏 / 130

木石成叠嶂，光溢艳琉璃——紫禁城的影壁

◎ 于澄瑶

影壁，是中国传统建筑群中的一种装饰性墙体，一般起到屏障和装饰等作用，在有的历史时期也被称为"照壁"。众所周知，中国古建筑有着区别于国外建筑的独特性格，其中，群体性是其一大特征。在中国古建筑群中，不仅有宫、殿、楼、阁等大型建筑，也少不了影壁、牌楼、华表等小型建筑的身影。著名建筑学家楼庆西将这些小型建筑归纳为"小品建筑"，它们在物质功能和环境艺术方面有着重要的作用。作为小品建筑的代表，影壁形体虽小，但五脏俱全，有着丰富的形制和装饰，在建筑群中起到了不可替代的作用。

一、影壁的历史

影壁出现的历史非常久远，目前所能见到的最早的影壁遗迹是1975年在陕西岐山凤雏村西周建筑遗址中发现的。该遗址整体呈四合院式布局，在院落的正前方，大门前4米处，有一东西长4.8米、厚1.2米、残高0.2米的影壁遗迹。影壁墙体上残有由细砂、白灰和黄土搅拌而成的三合土墙皮。根据柱础石和木炭痕迹推断，影壁上原应覆盖有护顶。由此可知，在西周时期，影壁在院落建筑群中的位置和造型等方面已相对发展成熟。

先秦时期的传世史料中也不乏对影壁的记载，影壁在此时有着"树""屏""萧墙"等称谓。《礼记》中记载，"台门而旅树"，意为在门道立有影壁。此时的影壁是设在门口遮挡内外，起屏障作用的建筑。同时，影壁的设立还有着严格的等级规定："天子外屏，诸侯内屏，大夫以帘，士以帷。"天子可以在院门外设影壁，诸侯只能在院门内设立，卿大夫可以用帘遮挡，而士只能用布帷。孔子便曾就此批评管仲的越礼行为："邦君树塞门，管氏亦树塞门……管氏而知礼，孰不知礼？"可知在礼制规定内，只有天子、诸侯等上层贵族可设立使用影壁。

汉代，影壁常被称为"罘罳"。"罘罳"一词在汉代典籍中出现较多，具有多种含义，一指网状装饰，引申为附有这种装饰的建筑物，此外有影壁的含义。汉代《释名》载："罘罳，在门外。罘，复也；罳，思也。臣将入请事，于此复重思之也。"此时的影壁是大臣入朝请事前稍事停留、思考准备的场所。

至唐宋时期，影壁发展日趋成熟，使用范围进一步扩大，"影壁"的称谓也开始出现。南宋邓椿的《画继》中曾提到，山水画家郭熙在唐代杨惠之山水壁的基础上，又出新意，"止以手抢泥于壁，或凹或凸，俱所不问。干则以墨随其形迹，晕成峰峦林壑，加之楼阁、人物之属，宛然天成，谓之影壁。"影壁已宛然成为艺术创作的平台。唐宋的影壁虽未发现实物遗存，但从这一时期的画作里可以一窥影壁样貌。在北宋王希孟的《千里江山图》中，有一小型民居院落进门处设有影壁，可见此时影壁已在民间使用。

图1 （宋）王希孟《千里江山图》（局部） 　　　　故宫博物院藏

元代至明清时期，官式影壁拥有了固定的形制做法，民间影壁根据地理位置的不同呈现出异彩纷呈的样貌。元代保存至今的代表性影壁是北京北海的"铁影壁"。这块影壁为石质，因表面呈现的棕褐色而得名，原矗立于元代健德门内古庙前，壁顶为庑殿顶式，壁身雕刻瑞兽图案，形象粗犷雄健，具有元代特色。

明清两朝是影壁发展的巅峰时期，随着建筑行业的繁荣，影壁走向世俗化，大量出现在各类建筑群中，现存实物比较丰富。明清皇宫紫禁城作为我国现存规模最大、保存最完整的皇家建筑群，留存了大量材质不同、形制各异的官式影壁。其中，由于等级规定，于民间难得一见的琉璃影壁在故宫大量存在，且大多装饰精美、工艺精湛，是影壁建筑研究非常重要的组成部分。除此以外，在北京、山西、江浙等地的民居、寺庙、官署等建筑中，也保存了许多各具特色的影壁，它们有的精雕细刻、有的典雅大方，是不同地域民众工艺、审美、思想具象化的产物，共同构成了我国影壁丰富多彩的面貌。

二、影壁的类型

影壁作为建筑中的装饰性墙体，演化出了多种材质、形制、样貌，分别具有不同的功能，总的来说，可将影壁按三种标准进行划分。

从平面形制来看，影壁可分为一字影壁、八字影壁、撇山影壁和座山影壁。壁体平直，平面呈"一"字形的影壁为一字影壁，是院落大门内外最常出现的影壁形式。位于大门外，与大门相对，从门口向外看，平面呈"八"字形的影壁是八字影壁。这种影壁较为豪华，背后可放置杂物，自身又强调了院门，整合了门前空间，常为官宦或富商使用。位于大门两侧，墙体撇出，面向大门时平面呈"八"字形的影壁被称为撇山影壁，也称反八字影壁。撇山影壁中等级较高的一类名为一封书撇山影壁或雁翅影壁，这种影壁相较普通撇山影壁，在大门两侧还接有一组一字影壁。还有一类影壁造型较为特殊，常在北方四合院建筑中出现，它附设在正对院门的东厢房山墙上而不独立设墙，因此被称为座山影壁。

另一种影壁的分类标准是根据影壁所处的位置划分。根据影壁与院门的关系，可将影壁分为设立在大门内、设立在大门外和设立在大门两侧三类。大门外的影壁往往在较大规模的建筑群门前设立，增添了整组建筑的气势，形制多为一字影壁和八字影壁。大门内的影壁有着遮挡视线、保护隐私的作用，是隔绝内外的一道屏障。常见的门内影壁有一字影壁，规模不太大的四合院内也常使用座山影壁。门两侧的影壁主要起着装饰、强调院门的作用。其中与大门形成一定角度的为撇山影壁。平行于大门，在大门两侧的平直装饰围墙也叫看面墙影壁，故宫内廷区域的小型院落门口常见此种影壁。

而从所使用的材质来看，影壁又可被分为砖影壁、琉璃影壁、木影壁和石影壁四类。砖影壁是用青砖砌造的影壁，在民间建筑中得到了广泛使用。古建筑上的琉璃是由陶胎挂釉烧制而成的一种高级装饰材料，只能在宫殿、庙宇等高级建筑中使用。在这些建筑上，琉璃不仅以各色琉璃瓦及配饰的形式出现在屋顶上，在影壁、花门等构筑物上也经常被应用，而在砖砌的影壁外使用琉璃构件包镶的影壁即为琉璃影壁。木影壁是主体由木料制成的影壁，这种影壁容易被侵蚀破坏，不易保存，故宫内留存着有代表性的几座。其壁顶多有防水的出檐，底部以抱鼓石为基座。这种基座一方面以石质的重量承载木影壁主体，起着固定和加重的作用，另一方面也隔绝了地面潮气，保护木影壁长久耐用。石影壁通体采用石材雕砌，由于加工难度大，也并不常见，多用于高级建筑群中。

三、影壁的结构及装饰

影壁的造型往往是对传统木构建筑的模仿。单体木构建筑从上至下分为屋顶、屋身和台基三部分，影壁与之对应，也分为壁顶、壁身和壁座，每一部分具有相应的装饰手法。

影壁的壁顶参照房屋的屋顶，也有庑殿顶、歇山顶、悬山顶和硬山顶等几种等级形式。根据不同的形式，由屋顶、屋脊、屋檐和檐下的椽、檩、博风、斗拱等部分构成。在砖影壁和琉璃影壁上，这些部分大多由砖材制成的仿木构件替代，仿木效果逼真，又具有砖石朴质的美感，但在细节和拼接方式上较木作有所简化。

壁身作为影壁面积最大的一个组成部分，是影壁的视觉中心，也是装饰的重点。

大型青砖影壁和琉璃影壁壁身多在中央和四角进行装饰。中央的构件为"盒子",形状可为海棠形、菱形、圆形、方形等,是影壁最重要的装饰之一;其纹饰多种多样,常用兽纹和植物花卉纹,也有用文字及各类吉祥图案的。四角的三角形构件为"岔角",起着辅助装饰的效果。琉璃影壁壁身往往使用琉璃饰面砖在盒子和岔角进行装饰,配合所在建筑群的不同功能使用对应主题的纹样。

壁座是整个影壁的底部承重部分。普通砖影壁的壁座常常直接用砖砌成,大型砖影壁和琉璃影壁则常采用须弥座形式。须弥座原为佛像的台座,后应用于建筑中,具有上下突出、中部束腰的特点。须弥座自下而上分为土衬、圭角、下枋、下枭、束腰、上枭、上枋七层,土衬和圭角在最下部,其余各部分上下对称,各具装饰。束腰是各层中最宽的,有的高级影壁在上、下枋和上、下枭之间还带有上、下涩。影壁的须弥座分为石质须弥座和琉璃须弥座两种。琉璃须弥座在外部贴饰琉璃,只在琉璃影壁中出现,部分琉璃影壁也采用石质须弥座。木影壁自身较为轻薄,其壁座采用抱鼓石的形式承托壁身。

四、宫中影壁集英

紫禁城是明清官式建筑的集大成者,其中较为完好地保存着众多影壁。这些影壁类型齐全、装饰华丽、工艺精巧,是研究影壁不可错过的精彩部分。

紫禁城现存有琉璃影壁、木影壁及石影壁,其中琉璃影壁数量最多、种类最全,使故宫成为研究琉璃影壁不可多得的场所。如前所述,群体性是中国古代建筑的重要特征之一,这种群体性是通过庭院式布局实现的。院落是构成庭院式布局的基本单元,紫禁城这样的大型建筑群也是通过最基本的独立院落相组合而构建的。因此,想要确定紫禁城影壁的位置只需判定其在最基本的独立院落之中处于何处,这主要体现在影壁与院落大门的关系上。故宫的琉璃影壁可分为门两侧和院内外两类,门两侧的影壁按形制又可分为撇山影壁和看面墙影壁两种。故宫现存撇山影壁共四处,均为撇山影壁中等级较高的一封书撇山影壁,分别位于乾清门、坤宁门、慈宁门和宁寿门两侧。乾清门和坤宁门均位于紫禁城的中轴线上,是紫禁城后宫区域开始和结束位置上的两座重要关口。慈宁门和宁寿门各位于紫禁城的外西路和外东路,是太后太妃居所和太上皇宫区域的两座大门,标志着这两大功能区的入口。这四座门因其身后院落的重要性,均按大门中等级最高的殿宇式大门建造,与之相对应,它们的两侧也都选用了最能烘托大门气势的撇山影壁,由此构建了紫禁城功能区域划分的重要标识和节点,且因其所处大门的位置,呈现出对称分布的状态。①

紫禁城的四座撇山影壁造型相似、装饰趋同,而乾清门的影壁是尺寸最大、装饰

---

① 不同于其他三处撇山影壁向南设置,坤宁门两侧影壁朝北展开,成为从北向南进入"后三宫"院落的入口标志,且乾清门和坤宁门的影壁朝向一南一北,其形态本身也呈南北对称状。

最精美的一处。它每侧影壁长10米，高8米，厚1.5米，体量巨大。壁身刷红浆，用琉璃装饰盒子和岔角。盒子为八瓣海棠花形，是装饰的重点，底部有花篮和飘带，从中伸出三株卷草，其间分布九朵宝相花和十朵花苞。四周岔角图案各不相同，分别为宝相花、荷花和向日葵纹样。影壁的壁顶、壁身、壁座均使用琉璃贴饰，琉璃须弥座上还带有上、下涩，使其视觉效果更为丰满高大。乾清门影壁制作精良，盒子和岔角烧制、拼接难度极大，立体感强，是存世影壁中的精品之作。此外，这座影壁还具有调节周围空间的作用。其所在天街南北狭窄，东西狭长，南侧保和殿至乾清门高低差明显，达8米之多。因此，乾清门借撇山影壁与大门呈一定角度向后缩进之势，将透视的焦点向北延伸，使得天街在视觉上更加宽阔，乾清门也显得更为深邃，在影壁的衬托之下富丽堂皇。撇山影壁因其形制均具有如此效果。据观察，故宫的几处撇山影壁八字部分向内缩进的程度有所不同，尤以宁寿门两侧的影壁缩进部分所占比例最小。宁寿门前广场宽阔、空间充足，应为设计者因地制宜，根据影壁周遭环境有意设计，以收空间调节之效。

广泛分布在故宫内廷区域各类小型院落门口两侧的是看面墙影壁，它既简约又装饰了院门。

图2　乾清门撇山影壁

图3　乾清门影壁的盒子

图4　乾清门影壁的须弥座

图5　重华门影壁

它们和院门组成的中间高两边低、一主二从的完整院门形式几乎成为紫禁城院门的标准配置。紫禁城内供后宫妃嫔居住的东、西六宫各院院门基本都采用了这种形式。这里的影壁壁身不设盒子，岔角饰莲花和向日葵图案，每处影壁装饰细节不尽相同。故宫内还有一类看面墙影壁壁身设有盒子，而且会根据其所在院落的功能进行装饰。重华宫原为乾隆皇帝潜邸，宫门两侧影壁使用了皇帝专用的龙纹，盒子内为云龙江崖图案。御花园天一门内的钦安殿为道教建筑，门两侧影壁盒子、岔角装饰仙鹤流云。太后居所寿康宫两侧影壁则采用了富有吉祥寓意的鸳鸯卧莲图案进行装饰。

　　故宫的琉璃影壁除位于大门两侧外，还有一类坐落在大门内外，造型均为一字影壁，此类影壁中最著名的当数九龙壁。九龙壁是影壁当中装饰最精美隆重的一种。我国现存三座九龙壁，分别位于北京故宫、山西大同和北京北海。故宫的九龙壁位于皇极门外，它作为整个宁寿全宫区域的开始，为这座太上皇宫营造了极强的气势。这块九龙壁制作精美、体量硕大，壁长29.4米，高3.5米，厚0.45米，是一座背倚宫墙而建的单面琉璃影壁，为乾隆三十七年（1772年）改建宁寿宫时烧造。九龙壁的壁身高浮雕九条姿态各异的巨龙，正中为一黄色团龙，其两侧分别分布蓝、白、紫、黄四色升龙、降龙，姿态各异、呼之欲出。龙身之下，是青绿色的云水纹衬底，龙身之间用山石状琉璃区隔。如此复杂的构图，对琉璃构件的烧制和拼接都提出了非常高的要求。九龙壁的壁顶也别出心裁，它的屋顶和栱眼板使用了龙纹装饰。正脊中央有一坐龙，两侧对称分布八条行龙，和壁身的图案相对应。垂脊上也饰以行龙。斗拱间的栱眼板上，按照所处位置饰有对应姿态的龙纹。九龙壁作为皇家御用影壁的代表，其设计和构件数量等细节多处暗合九五之数，体现了皇家影壁的至尊地位。

图6　故宫九龙壁

故宫内还有几处院内外的琉璃影壁与众不同,它们分别位于御花园西侧门外和养心殿、养性殿院内。这些琉璃影壁壁身并未抹灰,而是满铺琉璃砖。御花园外的贴黄色琉璃砖,养心殿和养性殿的贴绿色琉璃砖,并且都有鸳鸯卧莲盒子和花卉纹岔角。通体贴饰琉璃的影壁外观更加华丽通透,在建筑群中起到非常醒目的装饰效果。

除了大量的琉璃影壁,故宫还保留有多座珍贵的木影壁和石影壁,均位于紫禁城居住区域院内,属一字影壁。出于材质原因,木影壁的体量较砖影壁和琉璃影壁轻巧了许多,位于大门进门处,既有效地保护了院主人的隐私,也是极佳的装饰建筑。故宫的木影壁按照壁身的形式可分为有开门和无开门两类。有开门的木影壁形体更大,近似于屏门,平日关闭遮挡视线,遇到重要活动可开启迎接以示隆重。无开门的木影壁略显小巧,造型类似家具中

图7 养性殿影壁

的插屏,承乾宫和太极殿的影壁都是这种形制。相比外朝的琉璃影壁,内廷的木影壁少了几分庄重,多了一丝生活气息。翊坤宫的木影壁在屏门闭合后,两面分别写有"光明盛昌""增年益寿"八字;太极殿木影壁的壁身则精心绘制了"五福捧寿"的图案,

图8 太极殿木影壁

图9 寿安宫木影壁

祈求吉祥的寓意非常明显。木影壁的壁顶采用木构建筑屋顶的形式，多有所简化，一些木影壁壁顶还用瓦楞铁皮替代了砖瓦以减轻其承重。在故宫现存的木影壁中，位于寿安宫的最为高级隆重。它形体高大，以至于背面另设柱子支撑，壁顶采用了庑殿顶的形式，是目前宫中所见木影壁中的唯一一例。木影壁的壁座采用门枕承重，形式为抱鼓石，前后两面对称雕成石鼓，中部承托影壁。抱鼓石的表面也雕刻着精美的图案，常见的有狮子滚绣球、缠枝宝相花等。

石影壁不易加工，存世稀少，故宫至今保存着两座极为近似的石影壁，分别位于西六宫的永寿宫和东六宫的景仁宫，呈对称分布。这两块石影壁不设壁顶，造型酷似插屏，壁心为大理石，石上的天然纹理仿佛山水，被镶嵌于汉白玉边框和底座上。壁座两端前后各有一圆雕蹲兽，造型生动勇猛，与故宫西南断虹桥上靠山兽十分接近，疑为元代遗物。

图10　永寿宫石影壁

紫禁城的影壁数量丰富、类型齐全、装饰精美，充分体现了明清皇家影壁的成熟风貌。根据所处位置的不同，这些影壁具有调节空间、明确等级、祈福纳祥乃至调节风水等作用，是体现古人建筑理念的点睛之作。华丽的装饰风格是故宫影壁突出的特点之一，在颜色上以民间难以使用的红色、黄色为主，配以绿、白、黑等色琉璃砖，呈现出色彩鲜明、华丽醒目的效果。故宫琉璃影壁的壁顶基本采用了庑殿顶，檐角配脊兽，檐下装仿木斗拱、旋子彩画，建筑等级很高。在壁身装饰上，故宫外朝影壁以缠枝宝相花等花卉纹为主，突显庄重；内廷影壁装饰更加个性化，运用了各类吉祥纹饰。琉璃影壁全部以须弥座为壁座，不少还贴饰了琉璃饰面。总的来看，紫禁城的影壁风格相对统一，装饰华丽庄重，工艺成熟定型，具有较强的实用功能和装饰效果。

五、结语

影壁是一种装饰性和功能性并重的中国传统建筑。由于影壁大多位于大门附近，在一定程度上代表了建筑群的门面，所以常常得到精心设计和装饰。虽然大部分影壁由砖瓦构筑，但在其上往往以抹灰、砖雕、贴饰琉璃等方式进行装饰，其风格或浓重盛大，或简约隽永，呈现出鲜明的地方特色，可以说，古人在影壁这段小型墙体之上开发出了砖石建筑装饰的极大可能。作为一种中国特有的传统建筑，影壁在功能上反映了内外有别的儒家伦理意识和调节风水的术数文化，它是中国传统文化土壤中生长出的独特果实。在今天以西方建筑理念为指导的现代建筑中，已经很少见到影壁的身影，但其仍以不同形式出现在日常生活中，比如农村一些宅院的门口仍然设置影壁，一些住宅进门处的屏风，也起到了旧时影壁的作用。经历几百年风雨保存至今的古代影壁是中华文明的珍贵遗产，带我们洞明古建筑设计理念背后的深层思想文化。

参考文献

[1] 楼庆西.中国小品建筑十讲［M］.北京：生活·读书·新知三联书店，2004.

[2] 陕西周原考古队.陕西岐山凤雏村西周建筑基址发掘简报［J］.文物，1979（10）.

[3] 孙希旦.礼记集解［M］.沈啸寰，王星贤，点校.北京：中华书局，1989.

[4] 黄婧琳，朱永春.汉代建筑中的罘罳［J］.中国建筑史论汇刊：第十三辑，2016.

[5] 刘熙.释名［M］.四部丛刊：初编.影印本.上海：商务印书馆，1922.

[6] 邓椿.画继［M］.北京：人民美术出版社，1963.

[7] 刘大可.中国古建筑瓦石营法［M］.北京：中国建筑工业出版社，1993.

[8] 张毅培，史景怡.影壁之美［M］.南京：江苏凤凰文艺出版社，2018.

[9] 侯幼彬.中国建筑美学［M］.北京：中国建筑工业出版社，2009.

[10] 卢笙，刘建业.乾清门前的琉璃照壁［J］.紫禁城，1983（4）.

[11] 楼庆西.千门之美［M］.北京：清华大学出版社，2011.

[12] 包明军，李斌.影壁探源［J］.文物建筑：第4辑，2010.

[13] 何孟哲.山西南部古建筑琉璃脊饰调查研究［D］.北京：清华大学，2013.

[14] 贾亭立.明代官式琉璃花门与照壁墙体上的琉璃构件［J］.古建园林技术，2006（1）.

[15] 李全庆.紫禁城里两影壁［J］.紫禁城，1982（6）.

[16] 楼庆西.中国古建筑二十讲［M］.北京：生活·读书·新知三联书店，2004.

[17] 荣斌.影壁考［J］.东南文化，1988（7）.

[18] 喻梦哲，周润.从"照壁"的词义转借现象看《营造法式》工程术语特征［J］.室内设计与装修，2021（8）.

[19] 张爱红.明清建筑装饰琉璃漫谈［J］.艺术与设计：理论版，2018（10）.

[20] 张洁.北京旧城影壁研究［D］.北京：北京建筑工程学院，2011.

匠心独具，精妙绝伦——紫禁城的烫样

◎董蕾

众所周知，紫禁城是目前世界上现存规模最大、保存最完整的古代木结构宫殿建筑群。据统计，它现存建筑980余座、房屋8700余间。自明永乐十八年（1420年）紫禁城建成到清朝末年，这座古老的皇家宫殿共经历了明清两代491年的悠悠岁月，其间共有24位皇帝在这里居住过。这一座座造型优美、色彩绚丽、恢宏壮观的宫殿建筑，还有那层层叠起的汉白玉石台基，屋檐下美轮美奂的金绿彩画，复杂交错的斗拱，以及高大耸立的朱红大柱，无不显现出我国古代建筑师们的聪明智慧和独具匠心的建筑技艺。

从古至今，建筑的前期设计在整个建筑流程中都是关键一环。当代建筑师们会利用电脑完成建筑图纸与3D效果图，用以预先展现出建筑完成后的大致模样，便于进一步修改与完善。而古代的建筑师们虽没有现代科技的加持，却也能凭借自身所掌握的传统技艺制作出建筑模型，达到与电脑制图相似的效果。中国古代建筑模型的制作工艺可谓源远流长，并伴随着时代的变迁、社会的进步，不断经历着发展与变化。

一、古代建筑模型起源

我国古代建筑模型的历史由来已久，据陕西武功游凤遗址出土的文物考证，早在新石器时代已有房屋的模型，该模型胎体为泥质红陶，房屋形式为半地穴式建筑。而在汉代时，已经大规模出现了许多由陶器制成的建筑模型，如"陶楼"。不过它们绝大多数都是随葬品，即所谓"汉明器"。汉代盛行厚葬之风，建筑模型象征着逝者的居所，体现了"事死如事生"的丧葬观念。尽管此时建筑模型已初具雏形，但还没有被运用于建筑工程。

目前所知最早使用木料制作建筑模型的是隋代著名的建筑匠师宇文恺，他出身武将名门世家，父亲兄长皆为骁勇善战的大将军，而他本人却钟爱建筑与艺术，参与了不少隋代的大型建筑工程，在隋朝建筑史中可谓功劳颇丰。据《隋书·宇文恺传》记载，宇文恺想要按古制恢复"明堂"。明堂是古代帝王所建的最隆重的建筑物，是供帝王封禅、祭祖、朝会诸侯、发布政令等活动使用的重要场所。古人认为，明堂可上通天象、下统万物，是体现天人合一的神圣之地，北京天坛祈年殿即古代明堂式建筑的体现。为了完成这项任务，宇文恺"远寻经传，傍求子史，研究众说，总撰今图；其样以木为之，下为方堂，堂有五室，上为圆观，观有四门……"。在这段文字记录中，十分明确地指出宇文恺曾使用木料制作出明堂的模型。

北宋年间仍然有使用木料制作模型的事例。宋太宗曾下令在开封建造一座十一级木塔，即开宝寺塔。全国许多建筑工匠和画家参与修建工程，其中有著名的木结构建筑匠师喻皓。喻皓主要负责建筑设计，为了更好地建造这座塔，他事先设计制作了塔的模型，并对模型认真研究比对，待设计完成后，才正式开始动工造塔。显然，建筑模型对于修建工程来说是至关重要的。据记载，喻皓建造的开宝寺塔，是当时质量最高的一座。它本来可以非常完好地保存下来，可惜的是，后来不幸在1044年毁于火灾。

到了明清时期，建筑营造过程中继续沿用木制模型进行放样。清康熙三十四年（1695年），康熙皇帝下令重修太和殿。他非常重视这件事，在建筑规模和造型设计方面，都有着十分高的要求。当时在工部主持营造工程的宫廷匠师梁九担起了这份重任。梁九师从明代皇家御用建筑师冯巧，待冯巧去世后，则接替他的工作，在工部主持建筑修建工程，是清代皇家御用建筑设计师。在顺治初年重建太和殿，以及康熙六年（1667年）的修缮工程中，梁九都曾参与修缮工作，有着极其丰富的经验。康熙三十四年（1695年）太和殿再次重建时，即便年事已高，梁九仍然作为顾问主持重建工程。为了更好地向皇帝呈现太和殿建成后的样子，他按1∶10的比例制成一座木样的太和殿模型。该模型在组装时，每一个构件都严丝合缝，不差分毫。最终，这次工程仅用时两年多便宣告竣工。不得不说，建筑模型在一定程度上提高了工程的速度。

图1 太和殿外景

从清代开始，建筑模型逐渐使用由多种材质构成的复合型材料，烫样就是从这时开始大规模应用在建筑工程当中的。对于以往的木样模型来说，烫样的体积较小，制作精巧，不仅省时省力，皇帝在"阅览"时还能够看到更多的建筑细节，从而了解建筑的外观设计和内部结构。那么说到烫样，就不得不提到雷氏家族，也就是为清代皇家建筑作出突出贡献的"样式雷"家族。在清初到清代末年这二百多年的岁月里，雷氏家族的历代子孙大都是在清代皇家建筑样式的专门设计机构——"样式房"任职，出任掌案（相当于现在的首席建筑师）。他们主要负责皇家宫殿建筑、园林和陵园、陵寝的设计与营造。例如，位于紫禁城内金水桥北侧的太和门，宁寿全宫西北部的宁寿宫花园（也被称作乾隆花园），以及天坛的主体建筑祈年殿、素有皇帝夏宫之称的承德避暑山庄等，还有在北京西郊一带从康熙朝至乾隆朝陆续修建起来的三山五园等皇家行宫苑囿。后来，随着清王朝统治的结束，样式房差务也消失了。即便已成历史，仍必须承认和认识到雷氏家族所作出的难以磨灭的贡献：不仅让后世的华夏子孙可以看到雄伟壮观且造型精美的古代皇家建筑，还留下了许多制作精巧、美轮美奂的画样和比例精准、色彩丰富的小型建筑模型。它们每一件都是十分精致的艺术品，这些精美的建筑模型就是中国古代建筑史中一门独特的手工技艺——烫样。

二、烫样的定义

烫样，实际所指就是建筑的模型小样。清代李斗的《扬州画舫录》中有一段关于烫样的说明："造屋者先平地盘，平地盘又先于画屋样，尺幅中画出阔狭、浅深、高低尺寸，搭签注明，谓之'图说'。又以纸裱使厚，按式做纸屋样，令工匠依格放线，谓之'烫样'。"从现在来看，烫样这一名称的由来应是因为在制作建筑的过程中，需要使用小型烙铁对某些部位进行反复熨烫使其成型，故命名为烫样。在宫殿建造之初，烫样制作完成后须呈给皇帝审阅，皇帝可通过观察烫样进而提出修改意见。由此可见，在宫殿营建过程中，烫

图2　养心殿戏台烫样　故宫博物院藏

样极大地加快了建筑工程的进度。雷氏家族制作的烫样与古代其他建筑模型相比，制作会更为复杂，比例也更为精准，且形象十分逼真。常见比例有：5分样（1∶200），寸样（1∶100），2寸样（1∶50），4寸样（1∶25），5寸样（1∶20）等。

三、烫样的制作

目前普遍认为制作烫样的详细工艺已经失传，但仍有一些学者通过研究勾勒出烫样的选材与大致的做法。

烫样的材料主要包括纸张、秫秸、木料、颜料等。纸张的选取比较关键，纸的张力和耐折度都要考虑在内。一般选用以嫩毛竹为原材料的竹纸，以及纸质柔韧的皮纸等。木料则选择两种木材，分别是轻软细致、耐腐蚀性强的红松，以及材质轻软、不易翘曲变形的白松——这两种木材也比较容易加工使用。而秫秸的外表光滑且内里松软，可塑性强，是烫样中梁架结构的主要用材。

制作烫样的工具包括以下几种：①裁剪纸张、修整烫样的篾刀和剪刀，用于描绘线条或写字的毛笔；②浸泡纸张增强防水防污能力的蜡油；③黏合不同材料，使各部件结合在一起的水胶；④还有最不可或缺的工具——小型烙铁，将部分材料熨烫成型。

打造一件完整的烫样，通常先要制作底盘、墙体、屋顶及其他附属物这四个独立部分，再把不同部分拼接组合成形。

图3　烫样制作工具

1. 底盘的制作

清代早中期会选用红、白松做成的小木条，按照具体尺寸大小做成横竖交叉的棋盘格式平面，再用几层纸张糊在表面，这是比较简单的做法。清晚期烫样的底盘制作相对更加讲究，仍用红、白松，做成带束腰的须弥座式，将纸张糊在表面。

2. 墙体的制作

墙体是用几层纸张通过水胶黏合成的一种质地较硬的纸板，根据墙体厚度，使用相应数量的纸张。纸板制作完成后，会按照建筑设计要求的尺寸、形状和式样进行剪裁分割，并绘制图案或涂饰色彩，再进行黏合、拼接完成全部制作。清晚期，有些山墙的尺寸较大，则改用木板来制作，用来增加墙体的厚度。

3. 屋顶的制作

中国古代建筑的屋顶种类繁多，造型优美。制作屋顶的烫样，既要考虑如何制作不同形式的屋顶，又要做出屋面"瓦垄"的部分，流程相对复杂。首先，按照建筑屋顶的形式和尺寸做出一个"胎模"；其次，取出一张刷过清水的竹纸贴在胎模表面，为的是整体做完后方便脱模取下；再次，把刷过水胶的皮纸粘在竹纸上，按照这一步骤依次取用两种纸张交叉叠加贴合在一起，晒干后形成屋顶硬壳，进行揭取；最后，根据需要为屋顶添加更多建筑构件，如瓦垄、滴水和脊兽等。在整个制作过程中，能够体现出"烫"这一环节的部分就是瓦垄的制作。瓦垄看似容易制作，实际上并不简单。

图4 圆明园九洲清晏殿烫样（屋顶） 故宫博物院藏

先将浸泡过的线香用吸水纸或软布包裹待用，趁线香变软可塑时将其依次排列并粘贴在屋顶表面；为了便于把握瓦垄的间隔距离，可排列数根后每三根中取出居中的那根线香。等待线香彻底干透后，再将刷过水胶的皮纸覆盖在线香表面，此时需使用小型烙铁在瓦垄间反复熨烫使其定型。

4. 附属物的制作

更多的建筑细节同样在烫样中会得到展现，如内檐装饰、家具陈设、房屋周围的廊桥、河流、树木等。只有烫样中的各个部件越加细致，皇帝才更能清楚明了地掌握房屋建成后的真实情况。大部分附属物的制作程序与墙体相仿，都是将做好的纸板按尺寸和形状进行剪裁，比如内檐家具陈设、室外的亭子和小桥等。河流或溪水可用毛笔描画出线条来代替。树木则用蒿草代替，主要是用纸包裹住蒿草下半部分，再进行

图5 圆明园清夏堂烫样（局部） 故宫博物院藏

固定黏合。

四、故宫博物院所藏烫样

故宫博物院藏有数十件"样式雷"烫样,个个做工细致、造型精美。若从形式上区分烫样的类型,可分为单体建筑烫样和群体建筑烫样两种类型。所谓单体建筑烫样,是表现单座建筑的情况,如形式、色彩、内檐装饰,以及各类尺寸数据;顾名思义,群体建筑烫样多指一个院落或一个景区,体现建筑组群的整体布局和周围环境布置的具体情况。

1. 长春宫凉棚烫样

目前,故宫博物院仍完整保存着一具清宫遗存的长春宫凉棚烫样。北方夏季骄阳似火、酷热难忍,为此,清宫举行某项活动时,会临时搭建凉棚,避暑纳凉的同时,还能防止天空飘落的灰尘和鸟类的粪便。这具烫样是1:100的寸样,整体建筑范围包括长春宫,东、西配殿,体元殿和中心凉棚。

图6 长春宫凉棚烫样 故宫博物院藏

清同治、光绪时期,慈禧太后曾居住在长春宫。慈禧太后十分喜爱戏曲,这件烫样的中心部分即为可移动和拆卸的凉棚和戏台,具体能拆分为凉棚主体、凉棚殿顶、凉棚底座和戏台屋顶。可随意拆卸和安装归位,恰恰是烫样的精妙所在。其中凉棚的顶部尤为细致,南北坡面各开有五扇天窗,利于光线的射入;上檐设有两个卷帘,上层是防雨油布,下层是卷箔,放下卷帘可防沙尘。仔细观察不难发现还有许多大小不等、尺寸不一的黄色签纸粘贴其上,标注了建筑的名称、尺寸和设计说明等内容。长春宫凉棚烫样是故宫博物院保存的、与皇宫建筑相关联的数十件烫样之一。不过,近来据学者考证,凉棚最终只停留在了建筑模型阶段,并未真正在长春宫搭建。

2. 北海澄性堂烫样

北海澄性堂烫样是一座群体烫样,曾在东华门古建馆展出过。根据相关画样资料推测,应为同治、光绪年间设计制作。

澄性堂是坐落于北海北岸万佛楼建筑群东路的一组院落,由前后两进院组成,从上往下俯视,建筑周围的景观布置尽收眼底,比如曲径通幽的游廊、错落有致的山石桥、五彩缤纷的石子路,以及精致美观的亭台楼阁、水池等,完美地向人们展现了建筑周边环境与自然景观的关系。

如今澄性堂院落也已不复存在,通过这座保存完好的澄性堂烫样,可以欣赏到这

图7 澄性堂烫样全景　　故宫博物院藏

图8 澄性堂烫样石子海墁铺地　故宫博物院藏

一建筑的原貌，再次验证了烫样作为珍贵历史文物资料的价值与意义。

五、结语

烫样，不仅展现了中国古代建筑的独特结构和建筑之美，以及精巧绝伦的制作工艺，同时，也显示出古代匠师们的聪明才智与精湛技艺。它凝结了"样式雷"家族与清代皇家建筑设计的传奇故事，是中国古代建筑史、中华优秀传统文化的物质载体。

由于既能呈现建筑的外观，又能展现翔实的细节与精准的尺寸，在我国未来的古建修缮与重建工作中，烫样必将继续发挥巨大作用，成为中国古代建筑研究与现代建筑学发展的重要依据。

参考文献

[1] 西安半坡博物馆，武功县文化馆.陕西武功发现新石器时代遗址[J].考古，1975（2）.

[2] 崔勇，杨树森.中国古代建筑模型源流[J].中华文化画报，2010（6）.

[3] 武欣，阎阳.毁誉参半的宇文恺及其建筑宏图[J].兰台世界，2014（33）.

[4] 杨鸿勋.宇文恺承前启后的明堂方案——宇文恺一千四百周年忌辰纪念[J].文物，2012（12）.

[5] 李迪.古代杰出的工匠——喻皓[J].建筑学报，1976（1）.

[6] 李全庆，刘建业.梁九重建太和殿[J].紫禁城，1983（3）.

[7] 王子林.清代太和殿的两次重建[J].故宫博物院院刊，2020（10）.

[8] 段伟.样式雷图档与清代皇家建筑研究[J].档案学研究，2017（2）.

[9] 李斗.扬州画舫录[M].王军，评注.北京：中华书局，2007.

[10] 周乾.紫禁城古建筑烫样[J].北京档案，2017（10）.

[11] 朱庆征.方寸之间的宫廷建筑：烫样的制作与价值[J].紫禁城，2019（2）.

[12] 滕德勇.清宫中的凉棚[J].文史知识，2019（8）.

[13] 张淑娴.长春宫戏台考[J].紫禁城，2021（8）.

水中之梁，通山之径——紫禁城的桥

◎ 林德祺

桥梁是人类改造自然的标志，作为极其特殊的一类建筑设施，它的出现对人们的生活产生了深远影响。《说文解字》为桥下了这样一个定义："桥，水梁也。从木，乔声。"中国是桥梁的故乡，早期桥梁可能是一些天然的石制结构或者树木倒伏于水面上形成的通道。《诗经》中的《大雅·大明》提道"亲迎于渭，造舟为梁"，意为使用舟船连接作浮桥。秦汉以降社会进一步发展，技术的改进使得新式桥梁大量出现，如2012年陕西省西安市北郊发现的渭桥遗址，是目前已知规模最大的秦汉木梁柱桥梁遗址。隋代建造的赵州桥距今已1400余年，在主拱的两侧分别设有两个小拱，造型优雅，结构科学而精致。广济桥又名湘子桥，位于广东省潮州市，始建于南宋乾道七年（1171年），距今已经有800多年的历史。广济桥使用了一种相当特殊的结构，两侧为石桥，中间部位则是架设在小船上的浮桥。金代建造的卢沟桥坐落于北京市丰台区永定河上，是一座连拱石桥，有11个孔洞，气势磅礴。明清后，更多精美实用的桥梁诞生在中华大地，如北京颐和园的十七孔桥和扬州瘦西湖的五亭桥，都是桥梁史上的杰作。广泛的实践也使我国的筑桥技术长期领先于世界并辐射到周边国家，因此我国也被誉为"桥的国度"。英国科学家、中国科技史研究专家李约瑟在著作中提道："中国文化的特色在不小程度上是合理与浪漫的巧妙结合，这一点在建筑工程上也产生了效果。中国的桥梁没有一座是不美观的，而且不少是非常美观的。"

作为明清两朝的皇家宫殿，紫禁城中不仅拥有气势宏伟的皇家殿宇、琳琅满目的珍贵文物，同样存在精美绝伦的古桥。它们坐落于紫禁城中的各个位置，体现着不同的功用。

一、内金水河上的桥

了解紫禁城的桥梁需要首先厘清其水系。紫禁城外围绕着护城河，也被称作筒子河，河面宽52米。宽阔的水面构成了旧时宫城的第一道防线。护城河的水源由京西引入，其西北角可以看到流入紫禁城的涵洞，河水由此进入紫禁城，变成内金水河。内金水河是紫禁城中唯一的河流，全长两公里左右，自闸口流入后一直向南，到武英殿前东折，经过太和门广场区域后一路蜿蜒流淌，最终于紫禁城东南角流出后重新汇入筒子河。这样一条河流，不仅可以为宫中提供丰富的生活用水，还具备消防灭火、调节环境、改善风水等功能。紫禁城中大多数桥梁都横跨于内金水河之上，古桥与流水为紫禁城的景观平添了几分别样的意境。

图1　内金水河河道（1）

图2　内金水河河道（2）

1. 长庚桥

内金水河自紫禁城西北角起始一路向南流淌，首先就会经过长庚桥。这是一座砖石砌筑的东西向单孔拱桥，因桥东侧为寿安宫区域的长庚门，才得此名。尽管与那些汉白玉石桥相比，长庚桥很不起眼，却也承担着重要功能。因为内金水河几乎贯穿了紫禁城西侧，这座桥可谓是跨过内金水河连接寿安宫区域与紫禁城最西侧"他坦"①的咽喉要道。

图3　长庚桥

2. 武英殿石桥

武英殿的汉白玉石拱桥共有三座，俱为南北向，因内金水河向南行进至武英殿西侧后，河道向东折流经武英门前，由是构筑。其居中者尺寸最大，两侧稍小，之所以修建三座，应是出于匹配与烘托身后建筑等级的考虑。相较于身处紫禁城中轴线另一侧与之相对但前方无河流与桥梁的文华殿，武英殿的地位无疑更高，它长期作为皇帝的便殿，明末农民军领袖李自成和清初摄政王多尔衮均曾在此处理政务。

---

① 满语音译，原指猎人临时所建棚子，后指皇宫内值宿或休息场所。

图4 武英殿石桥

这三座桥梁的望柱头上都雕刻有二十四道纹路，象征一年中的二十四节气。二十四气柱头是紫禁城中使用最为广泛的一类柱头[①]。二十四气下方为巴达马雕件，巴达马是梵文音译，即莲花瓣——在古建筑须弥座上也常出现这类纹饰。一串莲珠位于巴达马下方，柱头最下层则雕饰了莲叶，可见整个柱头都带有莲花的风格。石桥的栏板颇为精致考究，栏板夹在两根柱子之间，与地栿一并采用榫卯结构相接。紫禁城内常见寻杖栏板，按照具体的形制样式，它又分为透瓶栏板和束莲栏板两类。武英殿石桥采用透瓶栏板，栏板上雕刻着净瓶顶三幅祥云，下方实心的华板区域也修饰线条，被称为盘子；桥梁每侧的栏板柱子两端均有抱鼓石，形状类似云朵与鼓的组合。宫中所见抱鼓石有麻叶头和角背头之分，区别在于最外侧的形状。武英殿石桥安设的为麻叶头抱鼓石。

图5 二十四气柱头

图6 三幅云与净瓶栏板

3. 断虹桥

断虹桥位于武英殿东侧，北接十八槐区域。有学者认为断虹桥建于元代，原有三座，明朝初年拆除两座，故名"断虹"。该桥是紫禁城中现存历史最为悠久的桥，它横跨南北，长18.7米，宽9.2米。桥面铺设青白石。两侧汉白玉石栏板柱子极其精致，栏板上雕刻了双龙与宝珠图案，并用多种花草纹饰打底；柱头是数十只形态不同的小狮子，

---

① 也有说法认为这类柱头外形酷似一团火焰，故称其为火焰形柱头。

狮子下方依次是莲花瓣、莲珠与莲叶。

　　断虹桥栏板两端未采用抱鼓石而是使用了蹲兽，蹲兽双爪用力蹬地，雄浑有力，身上的毛发直顶后方的望柱，整体浑然天成。在紫禁城东六宫的景仁宫与西六宫的永寿宫内，各立有一座石影壁，不仅在材质上不同于东西六宫其他宫殿的木影壁，而且影壁两端同样用蹲兽支撑，样式造型与断虹桥的蹲兽相似，推测有可能为两座被拆除桥梁零部件的再利用。

图 7　断虹桥

图 8　断虹桥栏板蹲兽细节

　　在断虹桥桥身两侧还各有一尊兽面浮雕，为镇水兽——螭。诸多古桥在桥身或桥附近设置镇水石兽，也有人称之为戏水兽，如北京中轴线上的万宁桥，桥身不远处就有镇水的石螭俯卧于岸边。类似的镇水兽在一些与水有关的建筑上也会出现。如紫禁城东六宫之一的延禧宫，因火灾被毁，清宣统元年（1909年）在原址上修建一座"水晶宫"形制的灵沼轩，灵沼轩的墙体上便有此类兽面。

4. 内金水桥

　　内金水桥位于午门以北的太和门广场上，由五座南北向单孔汉白玉石拱桥组成。一说五座石桥依次代表了儒家五常——仁、义、礼、智、信。内金水桥是紫禁城内唯

图 9　内金水桥

图10 云龙柱头与抱鼓石

——组坐落于中轴线上的桥，独特的地理位置彰显着石桥不凡的功用。这五座石桥横跨如玉带一般的内金水河上，雄伟之余，不乏动感。

五座石桥虽然在装饰上具有一定共性，比如都采用了三幅云与净瓶栏板，以及麻叶头抱鼓石，但是大小尺寸不尽相同。居中者为主桥，桥长23.15米，宽6米，相对其他四座而言最长且最宽阔，因御路从桥上穿过，故又被称作御路桥。主桥在明清两朝为皇帝专用，不过也有一些例外，比如科举考试殿试前三名考生——状元、榜眼、探花在太和殿传胪后可以穿过此桥走出午门，皇后大婚的凤舆进入紫禁城后也自此桥通过。主桥不仅尺寸上大于其他几座桥梁，在一些细节上也与众不同：汉白玉望柱头上采用了最为高级的云龙装饰，龙在层层云朵上遨游，雕刻精美绝伦、栩栩如生。

紧邻主桥的两座石桥被称为王公桥，其尺寸小于主桥，桥长21米，宽5.4米。望柱头采用二十四气装饰。内金水桥最外侧的两座被称为品级桥，尺寸又小一些，长19.5米，宽4.8米，同样采用二十四气柱头。在明朝，两座王公桥确为王公专用，文武百官上朝行走最外侧品级桥。而到了清朝，情况有所改变，文武官员走东侧王公桥，宗室王公走西侧王公桥。太和殿大朝会时，三品以下官员从平日不常开启的午门东西掖门进入后分行两侧品级桥。

5. 半桥

内金水河流经太和门广场后会继续向东流入协和门西侧的暗沟，随即从协和门东侧一座造型极为特殊的南北向石桥下流出，重新变为地上河。这座特殊的石桥被称作半桥或半边桥。顾名思义，半桥仅东侧设有栏板、望柱和抱鼓石，西侧桥面与地面连通。如此奇特的造型不仅在紫禁城中独一无二，在我国各地都很难见到。这座汉白玉石桥西侧紧邻较为高大的廊庑，

图11 半桥

若修筑栏板、柱头等在视觉上会显得累赘和压抑，这一设置充分说明古代设计者在空间安排上的灵活与巧思。

6. 文渊阁石桥

内金水河经过半桥后一路蜿蜒曲折进入文华殿区域，汇入文渊阁前的水池。值得注意的是，这段内金水河岸边的围栏由武英殿和太和门广场区域的汉白玉栏板变回了砖砌矮墙，矮墙顶部盖有黄色琉璃筒瓦，河道也狭窄了很多。

文渊阁于清乾隆四十一年（1776年）建成，用于收藏《四库全书》。因图书易燃，文渊阁在装饰设计上体现了浓厚的水元素，如采用黑琉璃瓦绿剪边屋顶，因黑色属水，取以水克火之意。除此之外，文渊阁前还开凿了水池，水池四周的栏板即采用束莲栏板，束莲为翻花仰俯莲，即一朵向上的莲花与一朵向下的莲花相接。栏板下方的华板表面，以海水江洋为基调的装饰中还雕饰了很多水生动物，柱头同样采用仰俯莲装饰。水池上横跨一南北走向石桥——文渊阁石桥，连接文渊阁与文华殿后殿——主敬殿。这座石桥同为单孔石拱桥，南北向，麻叶头抱鼓石的大鼓内做了雕刻。文渊阁石桥的柱头使用高级别的云龙柱头。桥体两侧有断虹桥同款的戏水兽。

图12　文渊阁石桥

图13　文渊阁水池栏板与望柱

7. 三座门石桥

自文华殿区域流出后，内金水河会流经三座门前。三座门是于红墙上开三个门洞，这样的门被称为随墙门，门后即为南三所——清代乾隆年间改建的皇子居所。门前的内金水河上跨有三座南北向的单孔汉白玉石拱桥。中间桥梁不仅尺寸大于两边，在装饰上也有不同，使用了二十四气柱头，而两侧桥梁则为

图14　三座门石桥

石榴形柱头。三座石桥均使用三幅云与净瓶栏板，但是抱鼓石设置较为混乱，中间桥梁上采用了麻叶头和角背头两种不同的抱鼓石，可能是修复时替换了原有的桥梁配件。

8. 东华门内石桥

图15　东华门内石桥

内金水河自三座门区域流出后会途经东华门内石桥。这也是紫禁城内最宽的单孔石拱桥，桥宽约10米，桥东西向，两侧采用三幅云与净瓶栏板以及麻叶头抱鼓石，16个柱头上各顶了一尊小狮子，但是部分柱子和柱头的石质、颜色以及雕刻风格有所不同。根据清晚期至民国时期的紫禁城照片，可知东华门内石桥在当时使用的是二十四气柱头，因此现在看到的狮子望柱应为后期替换所致。

石桥紧邻东华门，清代上早朝前，便有官员从东华门进入，途经此桥到达早朝场所。

二、水池上的桥

紫禁城内不仅有内金水河，也挖凿了一些水池装点环境。这些水池大都位于花园中，水面上会架设桥梁。此类桥梁更多作为环境装饰物，桥梁上方常建设有其他建筑。虽然上文提到文渊阁石桥也是横跨于水池上，但本单元论述的水池是使用水车供水的，而文渊阁前的水池连接活水——内金水河，故分开探讨。

1. 浮碧亭与澄瑞亭石桥

浮碧亭与澄瑞亭石桥均坐落于御花园中的水池上。御花园是唯一建在紫禁城中轴线上的花园，也是紫禁城四个花园中面积最大的一个。花园中的建筑景物彰显皇家气象，遵循较为严格的对称制度。浮碧亭与澄瑞亭石桥即一东一西对称分布在御花园偏北部。

图16　浮碧亭石桥

图17　澄瑞亭石桥

作为横跨于长方形水池上的南北向单孔石拱桥，它们都使用麻叶头抱鼓石和三幅云与净瓶栏板，柱头皆带有园林中惯用的蕉叶装饰。石桥上承托的浮碧亭和澄瑞亭为敞轩造型，四角攒尖顶，绿色琉璃瓦黄剪边。

御花园中的水池、石桥和桥上亭子均建于明朝。清雍正九年（1731年），进一步在澄瑞亭南檐增置抱厦，并在亭中设斗坛，这与雍正帝的道教活动有关。为了保证对称性，浮碧亭同样建有抱厦。

2. 临溪亭石桥

临溪亭石桥建于明万历六年（1578年），坐落在紫禁城外西路的慈宁宫花园中。慈宁宫花园是为方便太后太妃礼佛休憩而修建的，花园地面平坦但富有意境。临溪亭石桥处于花园中部偏南的位置上，为一南北向单孔拱桥，横跨长方形水池。拱桥无栏板，四周水池采用三幅云与净瓶栏板，石榴柱头。桥上建有临溪亭，亭子为四角攒尖顶，黄琉璃瓦蓝色剪边，太后太妃可在亭中倚栏欣赏水池中的游鱼和岸边的花草。

图18　临溪亭石桥

三、旱桥

除却架在水上，紫禁城中还有一类下方无水的桥梁，主要作为不同建筑或景物间的交通连接，起方便通行之用，也被称为旱桥。现代城市中的过街天桥即属于旱桥的一类。

紫禁城的旱桥均由石板构筑，用来连接建筑和假山。旱桥的栏板柱头与抱鼓石的尺寸往往小于紫禁城水面上的桥梁，在建筑造景中颇具玲珑之感，一般出现在不拘一格、错落有致的宫殿区域。在外东路的宁寿宫区域，其内廷中路北端有一座景祺阁，它的二层便有一架桥梁连接假山上的露台，桥下无水。而位于同一区域内廷西路的宁寿宫花园，由南至北分为四进院落，第四进院落的萃赏楼和云光楼上也各有与假山相连的旱桥。事实上，第三进院落的延趣楼和太湖石假山间亦曾架设有方便通行的桥梁，清嘉庆年间遭到拆除。

此外，旱桥还见于紫禁城西北部的建福宫花园，横亘在延春阁南部的玉壶冰二层与假山叠石之间。建福宫花园曾于1923年遭遇火灾，大部分建筑被毁。1999年故宫博物院启动了建福宫花园复建工程，2006年竣工。工程结合大量文献与影像资料，又因宁寿宫花园的北半部分与建福宫花园在设计建造中有相似之处，复建过程中也参照宁寿宫花园的规制，较为完整地恢复了包括旱桥在内的建福宫花园昔日面貌。

这几座旱桥虽然尺寸上不及紫禁城中其他桥梁，但在装点环境与多维度交通方面扮演了重要角色，与架设在水面的桥梁共同组成了紫禁城的桥梁景致。

四、结语

紫禁城的古桥，与众多宫殿建筑一样，凝聚着古人的心血与智慧，见证了悠长的岁月变迁，时至今日仍然发挥着作用。桥梁与周围环境巧妙融合在一起，无论是桥梁的建造思路、设计构造，还是装饰技法，都是前人留给我们的宝贵财富，应当受到足够的关注与重视。

参考文献

［1］许慎.说文解字：附音序、笔画检字［M］.徐铉，校定.北京：中华书局，2013.

［2］万幼楠.桥·牌坊［M］.葛振纲，绘.上海：上海人民美术出版社，2013.

［3］诗经［M］.孔丘，编订.北京：北京出版社，2006.

［4］茅以升.中国名桥［M］.长沙：湖南教育出版社，2002.

［5］渭桥考古队.陕西考古发现秦汉渭桥遗址为同时期全世界最大木构桥梁［N］.中国文物报，2013-1-16.

［6］刘丽，王正明.赵州桥多维价值的现代研究［J］.古建园林技术，2007（1）.

［7］茅以升.介绍五座古桥——珠浦桥、广济桥、洛阳桥、宝带桥及灞桥［J］.文物，1973（1）.

［8］茅以升.桥梁史话［M］.武汉：长江文艺出版社，2019.

［9］李约瑟.中国科学技术史：第四卷 物理学及相关技术：第三分册 土木工程与航海

技术[M].汪受琪,等译.北京:科学出版社,2008.

[10] 王强,等.北京城排水发展历史与经验借鉴[J].北京规划建设,2021(6).

[11] 章乃炜,等.清宫述闻[M].北京:紫禁城出版社,2009.

[12] 张金.紫禁城的内金水河[J].紫禁城,1980(3).

[13] 李燮平.紫禁城内金水河[J].紫禁城,2006(2).

[14] 于倬云.紫禁城宫殿[M].北京:生活·读书·新知三联书店,2006.

[15] 刘大可.中国古建筑瓦石营法[M].北京:中国建筑工业出版社,1993.

[16] 郑连章.紫禁城里断虹桥[J].紫禁城,1980(4).

[17] 姜舜源.故宫断虹桥为元代周桥考——元大都中轴线新证[J].故宫博物院院刊,1990(4).

[18] 李燮平."五门三朝"与明代宫殿规划的若干问题[C]//中国紫禁城学会论文集:第二辑,1997.

[19] 鄂尔泰.国朝宫史[M].左步青,点校.北京:北京出版社,2018.

[20] 许以林.紫禁城内的河与桥[J].紫禁城,1982(5).

[21] 郑连章.文华殿一区建筑沿革考[C]//中国紫禁城学会论文集:第二辑,1997.

[22] 安娜.从园林规划的角度看紫禁城御花园[J].紫禁城,2011(1).

[23] 周苏琴.北京故宫御花园浮碧亭澄瑞亭沿革考[C]//中国紫禁城学会论文集:第一辑,1996.

[24] 茹竞华,郑连章.慈宁宫花园[J].故宫博物院院刊,1981(1).

[25] 于倬云,傅连兴.乾隆花园的造园艺术[J].故宫博物院院刊,1980(3).

[26] 郑连章.北京故宫乾隆花园的建筑艺术[C]//中国紫禁城学会论文集:第三辑,2000.

[27] 贾立新.叠石为假山 植桧称温树——试论建福宫花园园林景观的复原[J].故宫博物院院刊,2014(4).

[28] 张淑娴.建福宫花园建筑历史沿革考[J].故宫博物院院刊,2005(5).

[29] 傅连兴,白丽娟.建福宫花园遗址[J].故宫博物院院刊,1980(3).

涓流尽汇，水落归漕——紫禁城的排水系统

◎ 林德祺

北京市位于我国华北平原北部，属于暖温带半湿润半干旱季风气候，夏季多雨。每当大雨降临，市内一些区域有时会遭遇内涝。但是坐落于北京市中心的紫禁城，自建成起却鲜少遭受水患，这得益于紫禁城全面且完备的排水系统。这套系统充分依托地形，涵盖了建筑排水构件、排水沟渠、内金水河等众多要素，它们彼此间配合紧密，具备很高的研究借鉴价值。

一、屋顶排水

屋顶在空间上位于建筑物的最上方，也是建筑中最先接触雨水的部位，因此对于建筑的排水与防水十分关键。紫禁城中大部分建筑的屋顶有一定坡度。成书于两千多年前的《周礼·考工记》中有"上欲尊而宇欲卑，上尊而宇卑，则吐水疾而霤远"的记载。虽然所述为车辆的顶部，但与建筑屋顶有异曲同工之妙：靠近顶部时坡度大，靠近檐部时坡度缓，由此使雨水流动得快而且排得远。紫禁城的很多宫殿建筑就是采取了这种屋脊高耸、坡度陡缓结合的方式，加速排泄雨水，比如前朝的三大殿——太和殿、中和殿与保和殿。值得一提的是，紫禁城建筑屋檐还大都设计成微微翘起的飞檐形状，从而使流水向远处排，不致冲溅木质构架。

中国古代建筑通常使用瓦片覆盖顶部。紫禁城的重要建筑顶部往往覆盖等级更高的琉璃瓦。琉璃瓦表面的釉质可以增强瓦的防水与排水性能。除了琉璃瓦，还有个别建筑顶部会采用一些较为特别的瓦片，比如雨花阁阁顶和养心殿的雨棚。

雨花阁是紫禁城若干座佛堂中最高大的一座。雨花阁的阁顶安设鎏金铜瓦。四条脊上各立有一条铜鎏金行龙，宝顶处安设有鎏金铜塔。因鎏金层的存在，屋瓦不易被氧化生锈，加之金属质地更加坚固平滑，对于屋顶排水也具有优势。

养心殿坐落于紫禁城内廷西路，自雍正皇帝起共有八位清代皇帝在此处理日常政务、读书学习、居住休息。独特的政治意义加上丰富的功能，使养心殿成为紫禁城中独一无二的存在。由于养心殿正殿进深较大，且殿内还有落地花罩的阻隔，因此尽管已于南侧开窗，但为了室内的通透明亮，于北墙上又开有窗户。后者距离地面高度较低，加之与后殿间距不大，为了防止雨天湎雨，窗户上便修有雨棚。雨棚采用了非常特别

的材质，使得它在防雨的同时兼具透光性。之前人们认为这种独特的、泛有特殊光泽的材料是云母片，但在养心殿大修的过程中，故宫博物院的专家们经过细致的辨认与分析，发现这里使用的透光材料应是来自大海的贝壳，它的学名是"海月"。海月的形象和月亮很像，外形接近正圆形，生活在浅海的海底或滩涂中，拥有两片半透明的壳。古人很早就发现了海月贝壳轻薄透光及颇具韧性的特质，将其拿来糊窗户，或者经过精细修剪打磨制成瓦片。由海月贝壳制成的透光瓦片拥有一个专用的名字——"明瓦"。养心殿的雨棚使用了上千枚明瓦，在阳光下光彩夺目，异常美丽。

古人不仅通过屋顶的造型和加装瓦片来引流排泄雨水，在屋顶的修建过程中也使用了多道防水措施。比如在屋顶护板灰上铺设铅锡合金的金属层，俗称"锡背"，达到雨天隔水防潮的目的。具体做法是，将铅锡合金的金属板苫在屋顶上，重要的建筑往往要苫两层，有些还会苫在建筑屋顶的连接处或者正脊处。由于铅锡合金兼具延展性与防水性，因此使用寿命也很长。此外，古人还有一种防潮"黑科技"：据笔者考察所得，一些房屋的正脊中会放入木炭，利用木炭易吸附的特性来吸收潮气，但是木炭总量较少且放置位置特殊，推测可能是维持正脊内的宝匣干燥所用。

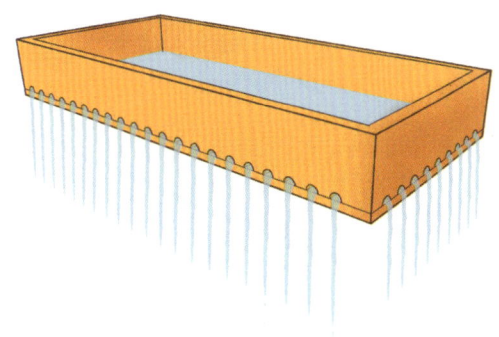

图 1　盝顶顶部排水示意图

位于紫禁城中轴线的钦安殿，在排水上自得其法。它的顶部是平的，有四条脊像围墙一样将顶部封闭起来，外接四条垂脊围成坡面，此类屋顶样式被称为盝顶。钦安殿的重檐盝顶是整个紫禁城中非常少见的样式。古代工匠为了避免盝顶的顶部积水，在四周的屋脊上设置了排水孔洞，为的是将雨天屋顶的积水及时排出。有排水孔洞的屋脊叫作"过水脊"。

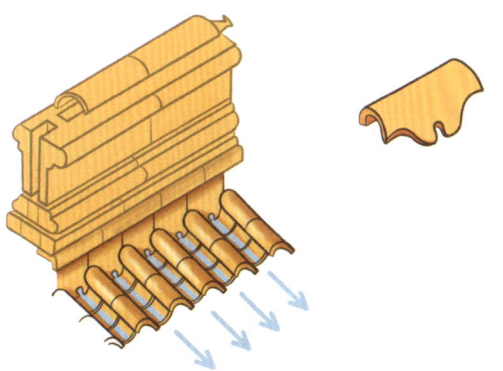

图 2　过水脊示意图

坐落于紫禁城花园中的一些中小型建筑也有自己的排水方式。如建福宫花园的静怡轩，最初是乾隆皇帝为了给母后守孝而建的。静怡轩屋顶使用了"三卷勾连搭"，其屋顶连接处可见未覆盖瓦片的白色区域，被称作"天沟"，即是在屋顶交会处设置的一个中间高两端低的通道，方便雨水向两端排出，以此来解决交会处容易积水的问题。静怡轩的天沟不仅中间高、两端低，而且中间宽阔两端狭窄，就像枣核一样，故名"枣核形天沟"。除了枣核形，天沟也会有别的形状。在建福宫花园延春阁的西侧，有一座名为妙莲华室的建筑，其屋顶的天沟中间与两端同宽，呈"一"字形，被称作"一字形天沟"。

图3　建福宫花园静怡轩屋顶

古代工匠会设计一系列构件帮助天沟排水,比如在一些建筑天沟下加装排水立柱,立柱最上端是一座木斗,用来尽量大面积地承接上方屋顶与抱厦流下的雨水,功能类似漏斗;立柱的内部是金属筒,用来排雨水;排水管的外侧贴有木板,并用铁箍固定,表面再缠麻布刷漆,用来模拟柱子的外形;最下方还会放置类似柱础造型的石制构件,是供水排出的洞口。此类排水管的制作理念在古代非常先进,是古人建筑智慧的突出体现。

二、墙体排水

古建筑的院墙顶部往往会抹灰或安装瓦片,该装置叫作墙帽,就像是给墙头戴了一顶帽子。墙帽可以很好地保护墙体。紫禁城中的墙帽大多加装瓦片,瓦片铺设的方式也有讲究:像屋顶一样,中间是一条正脊,两面设置坡面类似屋檐,这种结构可以将雨水顺利地引向地面,避免雨水损坏墙体。

还有一些墙体,因其后方有建筑且二者间距较小,雨天屋檐滴落的雨水非常容易汇集在墙体与建筑之间。为了防止积水浸坏墙体、破坏建筑,便在墙面上开洞并安装挑头沟嘴,将屋檐处的积水及时穿过墙体向外排出。高低错落的

图4　挑头沟嘴

图5 紫禁城城墙上的排水沟嘴

挑头沟嘴，为红墙带来了几分灵动的气质。雨天里，一串串雨水会沿着高高低低的沟嘴滴落，形成"大珠小珠落玉盘"的景象。当然，在多数情况下，墙后其实是一片开阔庭院，这时可以在墙脚处设置相应的排水设施——砖槽沟，以便把院落的雨水排到墙外。紫禁城中砖槽沟的排水口有不同造型，分为单孔、双孔和三孔几种，孔洞间的阻拦可以防止一些小动物进入围墙后的宫殿院落。

除了一般的墙体，紫禁城的城墙也有排水方面的考量。紫禁城午门的城墙之上，设置有一系列沟渠汇集雨水，只是汇集后的雨水，无法像地面建筑一般直接排走，而是顺着墙体上的沟嘴先排到地面，再经地面排水系统排入内金水河。雨大的时候，雨水会像小瀑布一样从午门城楼和城墙上的沟嘴倾泻而出。

三、台基排水

台基在建筑排水中同样不可或缺。紫禁城三大殿坐落在8米多高的三层工字型汉白玉台基上，高大的石台基不仅可以有效地阻隔来自地面的潮气，达到建筑防潮的效果，还具备很好的排水功能。在台基周围设置有栏板和望柱，每块栏板的底部，开有排水的孔洞。每根望柱的正下方，都有一个雕琢精美的石龙头突出于台基的立面，三层共有1142个，它们即为螭首。螭首并非仅具装饰性，更是一组精巧的排水装置。螭首的口内是与上层台基连通的圆孔排水口，雨天应有雨水从口中流出，排除积水。但由于年代悠久，一些螭首的排水口堵塞，排水不畅；还有一些因石材老化开裂，雨天水流从螭首身上裂缝处流出，所以即使在大雨时，也不容易呈现"千龙出水"的景象。

紫禁城中很多建筑的台基外缘，会布置有长方形的阶条石，以保护建筑免遭雨水

的浸泡或人为的磨损。尽管清代官式建筑的台基尺寸通常小于屋檐尺寸，雨天屋檐下滴落的雨水一般情况下会落到台基以外的散水上，可当风力较大时，雨水仍有可能倾斜落入屋檐下的台基上。阶条石可以防止雨水破坏台基或者浸湿台基上的木构件，它在建筑台基排水防潮方面起到不容忽视的作用。

图6 建筑阶条石与散水

在建筑台基阶条石外侧，地砖的铺制方法与院落地面有所不同。这是一种古建筑常用的排水构造，即上文提到的散水。散水是指建筑台基四周或重要道路两侧用石片或砖铺就的有一定坡度的结构。一般靠近台基一侧高、远离台基一侧低，砖的方向大体上和水的流向一致。为保证屋檐滴落的雨水可以落到散水上，它的宽度会参考建筑台基尺寸和出檐宽度。散水的作用是迅速排走建筑附近的雨水，避免雨水破坏地基，造成建筑基础下沉。紫禁城的御路两侧也有散水。这一建造理念在当下建筑中仍然使用。

四、地面排水

紫禁城总体地势是西北高东南低，北部神武门的海拔高于南部午门约2米。内金水河是紫禁城内唯一一条河流，自紫禁城西北角流入后一直向南流淌，到武英殿前向东折，流经太和门广场区域后一路蜿蜒，于紫禁城东南角流出，全长约两公里。内金水河是紫禁城中一条至关重要的排水线路，大量雨水最终通过内金水河排出了紫禁城。

至于紫禁城内的各个区域，一方面遵循西北高东南低的地势，另一方面也会根据本区域的排水需求在地面坡度上作出调整。核心建筑附近地面海拔相对较高，比如太和殿广场，地面看似平坦，但存在一定坡度，中间部分地势较高、四周略低，整体走势又符合北高南低的大趋势，使雨水能够扩散开来，流入三殿四周的石槽明沟，再一起向南排走。东西六宫区域也有类似的安排。以西六宫为例，西一长街的东侧是中轴线上的后三宫，建筑规模大、级别高，因而地势也比其他区域高出许多。站在西一长街上，能明显观察到地面从东向西倾斜。如此，西一长街西侧设置排水沟，雨水就自然沿地势流入其中，东侧不必另设沟渠系统。这里的排水沟是一排长长的石板，通常将此类能够看到盖板而有迹可循的沟渠，称为盖板沟。盖板上刻有凹槽，方便水流在盖板表面行进，同时凹槽上又设置了"钱眼"形排水孔洞，雨水通过孔洞流向盖板下方的沟渠。反观西二长街，其两侧都是西六宫的宫殿，建筑地位相当，地形地势也相仿，长街上中间高两端低，所以在西二长街东西两侧都设有盖板沟。显然，紫禁城的排水系统不单四通八达,而且因地制宜、注重细节。

图7 西一长街仅西侧设有盖板沟　　　图8 西二长街两侧均设有盖板沟

五、地下排水

地下排水主要依靠地下暗沟。在紫禁城东筒子地面下就有一条排水主干道,分为南北两段。北段连接蹈和门与紫禁城北部的盖板沟,因南北段并未连通,有学者指出北段地下暗沟的雨水流向为由南向北,雨水排入紫禁城北部的盖板沟。南段自蹈和门起向南途经御茶膳房区域汇入文华殿附近的内金水河。这条暗沟除了可以汇集地面和高墙上流下的雨水,也可以帮助高墙西侧的东六宫、奉先殿和高墙东侧的宁寿宫区域等疏排部分雨水,有效保证了紫禁城东侧的雨水疏解。

主干道之外是各个宫殿和生活区域之间遍布的小型暗渠,如西六宫各个宫殿的排水系统连通养心殿的暗渠,待雨水汇集后,一路向南流经断虹桥附近排入内金水河。在雨天,地下纵横交错且四通八达的沟渠网络在排水方面的作用不容忽视,确保能够及时排走地面雨水,避免大面积积水破坏建筑物、影响出行。

六、结语

如同现代排水设施,几百年来紫禁城的排水系统也需要定期淘挖养护,以保证排水畅通。明清两代都规定:每年春季要按时淘浚宫内的沟渠,明代负责这项工作的机构是二十四衙门之一的惜薪司,清代则是内务府营造司。除了常规的维护还要进行深入清理,如清嘉庆六年(1801年)开始的河道沟渠清理工程,不仅对紫禁城内外河道进行了系统淘挖疏浚,还清理了圆明园、香山等处的排水系统,保证了排水设施的有效运行。

不过任何系统都有自己的承载能力,如果遇到超过承载限度的特殊情况,再完备的系统设施可能也会失效。16世纪起中国进入"小冰河期",极端天气出现的频率有所增加，北京地区在这一时期遭遇的几次大的降雨即可能与"小冰河期"有关。比如明万历十三年（1585年）旱灾后的两年间，北京地区常见大暴雨的记录。即便紫禁城内有周密的排水系统，却也曾遭遇水患，并且留下了当时的历史图像。《徐显卿宦迹图》生动地描绘了这一场景，图中积水淹没了太和门广场的地面。

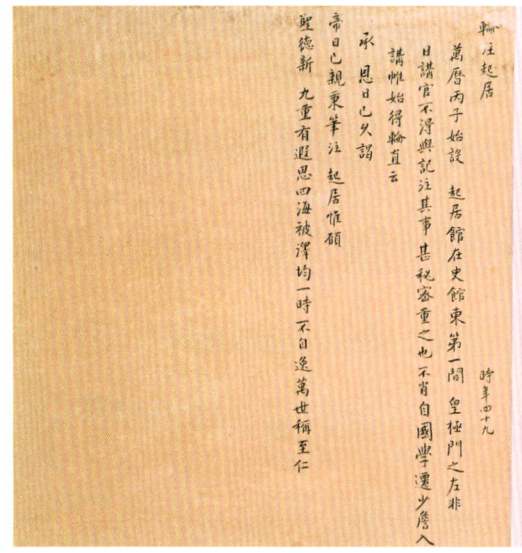

图9 《徐显卿宦迹图》——轮注起居

万历三十五年（1607年）的七月，北京又下了一场大雨，以致街上一片汪洋，城内地势稍高的地区，也有两三尺深的积水，低洼处水深可达一丈。官府民宅大量倒塌，百姓溺亡者不计其数。这场大雨导致内外城城墙被水浸泡塌陷了200多丈长，连紫禁城的城墙也坍塌了40多丈长，相当于今天的120多米。但总体来说，紫禁城的排水系统在数百年来发挥了巨大作用，多次保护紫禁城免遭水患。从两千多年前的《周礼·考工记》到紫禁城古建筑群的排水设计，乃至如今仍在使用的紫禁城排水管线，都是古人智慧传承至今的体现，值得我们进一步研究和保护。

参考文献

[1] 周礼[M].徐正英，常佩雨，译注.北京：中华书局，2014.

[2] 周乾.紫禁城的排水系统[J].工业建筑，2019（7）.

[3] 王家鹏.故宫雨花阁探源[J].故宫博物院院刊，1990（1）.

[4] 鄂尔泰.国朝宫史[M].左步青，点校.北京：北京出版社，2018.

[5] 章乃炜，等.清宫述闻[M].北京：紫禁城出版社，2009.

[6] 刘大可.中国古建筑瓦石营法[M].北京：中国建筑工业出版社，1993.

[7] 李全庆.古建筑屋顶奇妙的排水方法[J].紫禁城，1987（4）.

[8] 梁思成.梁思成全集[M].北京：中国建筑工业出版社，2001.

[9] 单霁翔.故宫排水系统营造与维护中的"工匠精神"[J].北京规划建设，2017（2）.

[10] 肖大威. 中国古代建筑防潮措施研究（一）[J]. 古建园林技术，1988（2）.

[11] 蒋博光. 紫禁城排水与北京城沟渠述略[C]//中国紫禁城学会论文集：第一辑，1996.

[12] 张金. 紫禁城的内金水河[J]. 紫禁城，1980（3）.

[13] 张雅平. 等高线在紫禁城地面排水系统研究中的应用[J]. 古建园林技术，2015（1）.

[14] 王铭珍. 紫禁城的防汛[J]. 北京档案，2011（11）.

[15] 萧正文. 紫禁城内雨水如何排出？[J]. 紫禁城，1993（6）.

[16] 张雅平，曹萍. 紫禁城太和门广场排水系统研究[J]. 古建园林技术，2016（1）.

[17] 刘畅，赵仲华. 紫禁城地下排水系统研究[C]//中国紫禁城学会论文集：第二辑，1997.

[18] 钦定大清会典图事例[M]. 台北：启文出版社，1963.

[19] 邱仲麟. 燕地雨无正——明代北京城的雨灾与官方的善后措施[J]. 明清论丛：第十三辑，2014.

[20] 文焕然，文榕生. 中国历史时期冬半年气候冷暖变迁[M]. 北京：科学出版社，1996.

[21] 朱国祯. 涌幢小品[M]. 王根林，校点//历代笔记小说大观. 上海：上海古籍出版社，2012.

檐牙高啄，建筑之巅——紫禁城的屋顶

◎ 刘翠

"屋顶"即房屋顶部，它可以遮风避雨，是中国古代建筑的重要组成部分。从穴居到草屋，从草屋到瓦屋，从布瓦到琉璃瓦，从单一颜色到彩色，中国古代建筑的屋顶形式经历了漫长的演变，屋顶的形制越来越多样，色彩越来越丰富，被赋予了更多的角色和功能，是体现建筑美的主要部位。作为最后的集大成者，紫禁城的屋顶不仅有强烈的象征意义与文化内涵，还充分反映着屋顶应有的实用价值，并一直得到精心养护。

一、屋顶的等级文化

1. 屋顶的形制

中国传统屋顶的主要形式有：庑殿顶、歇山顶、悬山顶、硬山顶、卷棚顶、攒尖顶。其中，最早使用的是庑殿顶，大约在先秦时期出现；歇山顶最早见于汉代，到了宋代已广为流行；秦汉时期出现了悬山顶和攒尖顶；硬山顶、卷棚顶大约在明清时期开始普遍使用。屋顶造型等级中，由高到低依次为：庑殿顶、歇山顶、悬山顶、硬山顶、卷棚顶。攒尖顶一般不受等级限制。屋顶有单檐和重檐之分，同形制的屋顶重檐等级要高于单檐。

在我国古代建筑中，一般级别较高的宫殿都采用庑殿顶，但早期材质以稻草为主，后期逐渐被琉璃瓦替代，它主要用于宫殿、庙宇中最重要的宫殿；歇山顶等级次于庑殿顶。紫禁城中比较重要的建筑采用的是庑殿顶和歇山顶，彰显皇权至高无上的地位；悬山顶、硬山顶常用于紫禁城宫殿或广场的附属建筑，此外在民居中也较为多见；攒尖顶则一般用于亭、塔、阁等建筑；卷棚顶的形式活泼美观，常用于园林的亭台、廊榭及小型建筑上。

中国古建的等级文化与屋顶形制密不可分，渐渐成为传统礼制的象征与标志。紫禁城的屋顶是"礼"的等级制度的巅峰。

（1）庑殿顶

庑殿顶也叫四阿顶、五脊殿。由一条正脊和四条斜脊组成四面坡，等级规制最高。

紫禁城中，太和殿和奉先殿的屋顶都是重檐庑殿顶。太和殿是紫禁城内体量最大、等级最高的宫殿，是明清两代举行国家重大典礼的场所。按照礼制，每年元旦、冬至、万寿三大节皇帝都要御殿受贺；此外皇帝登基、大婚、册立皇后、命将出征及常朝仪式时，也在太和殿举行隆重典礼。奉先殿是明清皇室祭祀祖先的家庙，始建于明初，清沿明制，凡遇朔望、万寿圣节、元旦及国家大庆等，大祀于前殿；遇列圣列后圣诞、忌辰及元宵、清明、中元、霜降、岁除等日于后殿上香行礼；凡上徽号、册立、册封、御经筵、耕耤、谒告、巡狩、回銮等庆典，都在后殿。

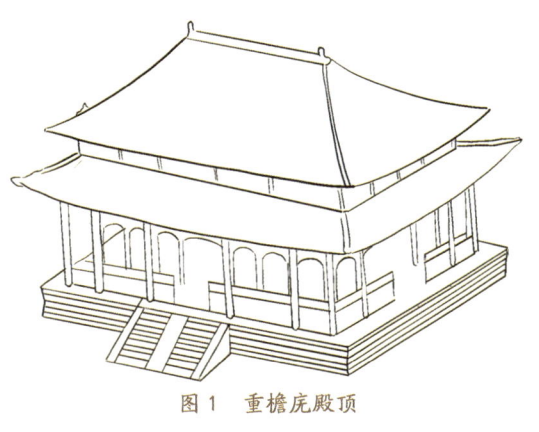

图 1　重檐庑殿顶

（2）歇山顶

歇山顶由一条正脊、四条垂脊、四条戗脊组成，也叫九脊殿，等级规制仅次于庑殿顶。紫禁城中，保和殿和坤宁宫的屋顶为重檐歇山顶。明代保和殿曾是大型典礼前皇帝更换礼服的地方，清朝则会于除夕和正月十五在此赐宴。科举考试最高等级的殿试自乾隆五十四年（1789年）移入保和殿内举行。坤宁宫在明代曾是皇后居住的寝宫，清朝时改建为祭祀神所及帝后大婚洞房。

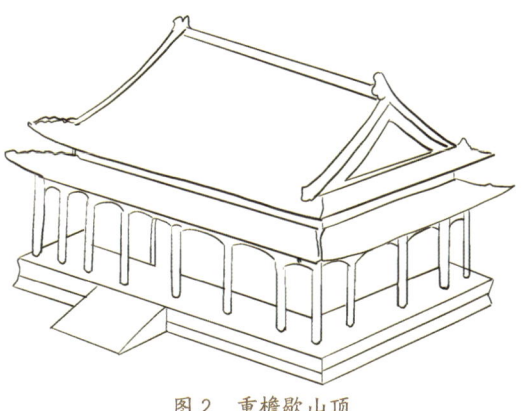

图 2　重檐歇山顶

（3）攒尖顶

攒尖顶是各戗脊的木构架向中心上方逐渐收缩聚集于屋顶上，类似锥形，木顶尖上安装宝瓶。它的形状多样，有方形、圆形、三角形、六角形、八角形等。紫禁城的中和殿即是一座四角攒尖顶的方亭建筑，中央最高处安装着铜镀金的圆形宝顶，有效地防止了木结构受到雨水的侵蚀而腐烂。在太和殿举行重要庆典仪式前，皇帝会在中和殿稍作停留。另外，举行一些祭祀仪式之前，皇帝也要在这里审阅写有祭文的"祝版"。赴先农坛进行亲耕礼前，同样要在此检验农具和种子。

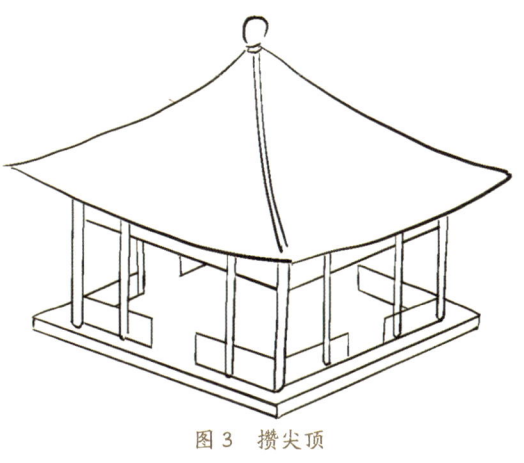

图 3　攒尖顶

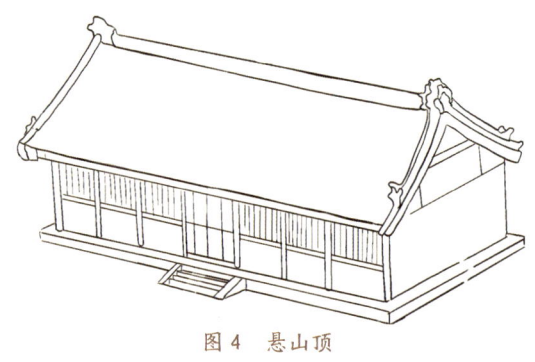

图 4　悬山顶

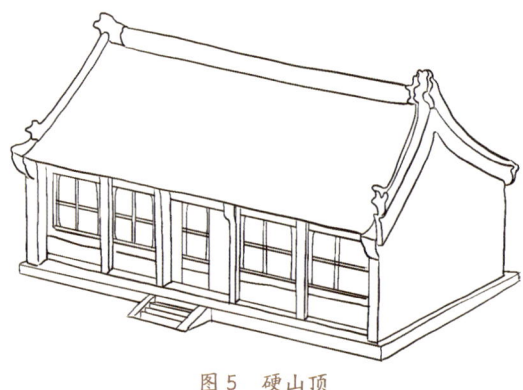

图 5　硬山顶

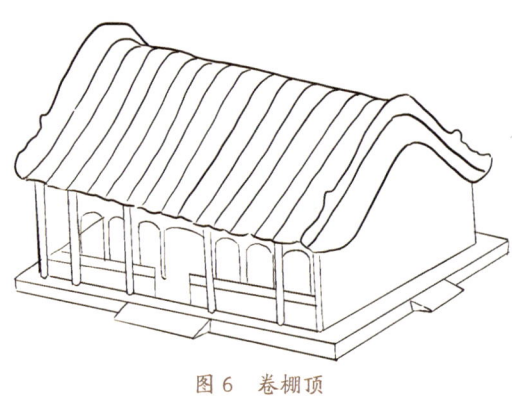

图 6　卷棚顶

图 7　歇山卷棚顶

（4）悬山顶

悬山也叫"挑山"或"夏两头"，木檩露出两侧山墙或山柱，屋顶延伸出山墙外，出檐的设计有利于防雨，所以南方民居更为多见，等级低于歇山顶。紫禁城中，采用悬山顶的建筑有军机章京值房。其位于隆宗门内南侧，是协助军机大臣办理文书事务的官员的办公场所。为了保密，不设负责抄写文件的书吏，誊录工作直接由军机章京承办。

（5）硬山顶

硬山顶为两面坡，两端与山墙平齐，山墙多以砖石为主。因为砖石结构有利于防火，所以北方民居多采用硬山顶，等级低于悬山顶。紫禁城中，内阁大堂采用的是硬山顶。内阁大堂位于午门东侧，文华殿南面。内阁是自明代起设立的中央机构，协助皇帝处理国家政务。

（6）卷棚顶

卷棚顶是两面坡的双坡屋顶，两坡相交处不作大背，由瓦垄直接卷过屋面成弧形的曲面，是等级最低的屋顶。紫禁城的长春宫戏台为卷棚顶。戏台位于西路体元殿后，面向长春宫。寒冬演戏，搭盖玻璃棚，称为暖台。慈禧听政时寝居长春宫，组建长春宫近侍为本家班，经常在此排练演出。在卷棚顶的基础上，还发展出歇山卷棚和勾连搭卷棚的形式。歇山卷棚顶，上部为卷棚顶，下部为歇山顶。紫禁城宁寿宫外东路畅音阁北侧的阅是楼即为歇山卷棚顶，是皇帝、后妃、皇子等人观戏的地方。勾连搭卷棚顶是两座或者多座建筑的屋顶前后联系在一起的结构，从而能够扩大建筑的进深。宁寿宫中的景福宫采用三卷勾连搭歇山卷棚顶，它始建于清康熙二十八年（1689年），乾隆三十七年（1772年）仿照建福宫静怡轩加以重建，以待乾隆皇帝归政后宴憩之用。

除了上述几种基本屋顶形制外，紫禁城内还存在一些较为特别的屋顶，如盝顶和盔顶。盝顶如同在坡顶上端平切一刀，做脊围成平顶，因形状像经匣、宝匣的盝顶而得名。紫禁城的钦安殿为重檐盝顶，其始建于明代，嘉靖十四年（1535年）添建墙垣后自成格局。殿内供奉玄天上帝，是一座道教建筑。清朝每年元旦于天一门内设斗坛，皇帝在此拈香行礼。每遇年节，钦安殿设道场，道官设醮进表。盔顶的造型独特，酷似头盔。紫禁城中现仅有文渊阁东侧的一座碑亭为盔顶建筑，亭内立石碑一通，正面镌刻有乾隆皇帝撰写的《文渊阁记》，背面刻有文渊阁赐宴御制诗。

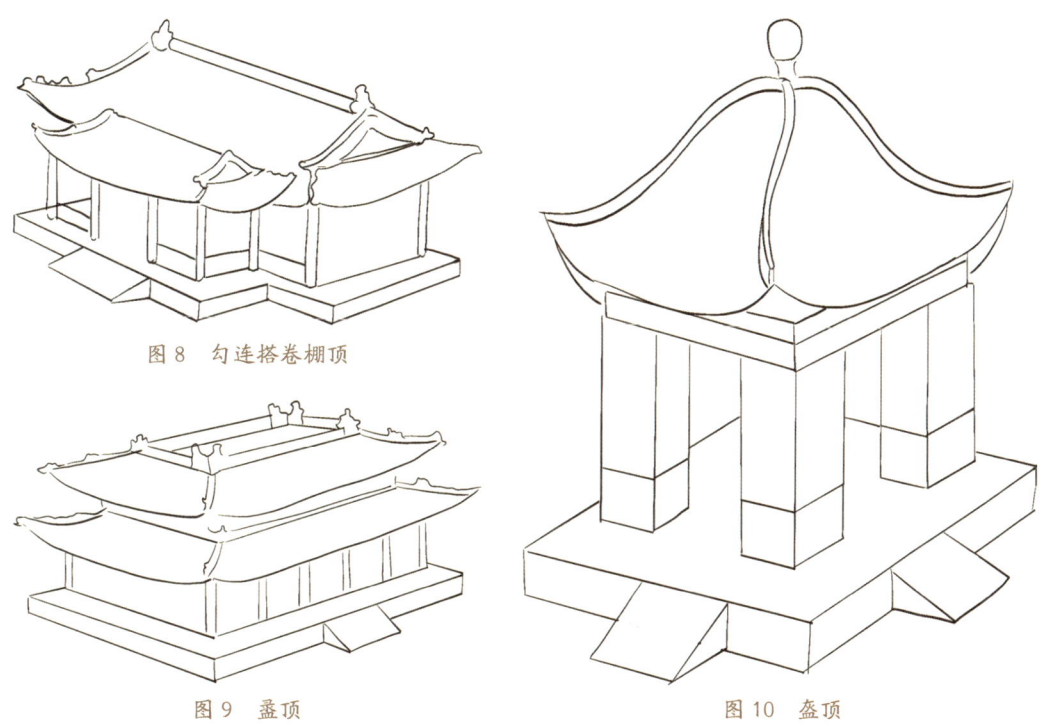

图8 勾连搭卷棚顶

图9 盝顶

图10 盔顶

2.屋顶的琉璃瓦

瓦，是屋顶最重要的组成部分。北魏以前建筑屋面多用布瓦，质地粗糙，吸水率高，不但不能保证良好的防雨效果，而且在吸水后容易造成屋面坍塌漏水。而琉璃瓦刚好解决了这些问题，经过长期的实践，工匠们综合运用陶瓦技术和铅釉技术，将琉璃釉质施于普通瓦片表面并在较高温度下烧成不同颜色。瓦面光滑，雨水流动通畅，不具有吸水性，被广泛应用于建筑构件上。

琉璃瓦的主要种类有：板瓦、筒瓦、勾头瓦、滴水等。板瓦是屋顶主要的覆盖构件，使用时一块压着一块地仰铺在屋顶上；筒瓦是板瓦瓦垄交汇线位置的防水建筑构件，覆盖两垄板瓦交汇的地方防止漏水；勾头是每垄筒瓦最下面的垄头部分，确保排水顺

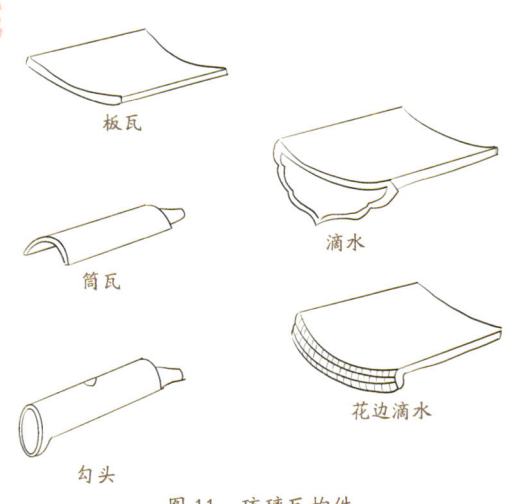

图 11 琉璃瓦构件

畅；滴水安放在板瓦瓦垄最下端（檐头处），用来封护板瓦垄头，是使水滴顺其滴下的一种排水构件。

琉璃建筑构件的出现，最早见于《魏书》。据书中记载，"世祖时，其国人商贩京师，自云能铸石为五色琉璃。于是采矿石山中，于京师铸之，既成，光泽乃美于西方来者。乃诏为行殿，容百余人，光色映彻，观者见之，莫不惊骇，以为神明所作"。到了隋唐时期，琉璃瓦开始广泛应用。宋代琉璃瓦技术得到了进一步发展，《营造法式》里详细记述了当时琉璃瓦的烧造技术。元代在建造元大都时，因大量使用琉璃构件，在京城南郊的海王村，即现在的北京和平门外琉璃厂还设立琉璃窑厂。清代琉璃瓦的烧造达到了巅峰，礼制也逐渐完善。乾隆时期，又将城区内的琉璃厂迁至琉璃渠村，其位于今天北京的门头沟区。

由于皇家建筑的大规模应用，琉璃瓦变成了皇家建筑的代名词、我国古代礼制的重要组成部分。清朝对琉璃构件在建筑中的应用有着严格规定，乾隆朝《钦定大清会典则例》记载："官民房屋墙垣不许擅用琉璃瓦城砖，如违，严行治罪，其该管官一并议处。"官民房屋墙垣都不许擅用琉璃瓦料城砖，一旦违反，连同负责的管事官员一起处罚。

清代还对砖瓦尺寸做了明确规定。据光绪朝《钦定大清会典事例》记载："琉璃砖瓦大小不等，共有十样。除第一样与第十样向无需用处，毋庸置议。"明确将实用琉璃构件的规格分成八种（从二样九样），尺寸不一。根据现代测量：正脊二样高为 2.5 尺，三样为 2.2 尺，四样为 1.7 尺；正吻二样为 10.5 尺，三样为 9.3 尺，四样为 7～8 尺；筒瓦、上下各差 5 分，板瓦七样以下各差 5 分；二样尺寸最大，九样尺寸最小。紫禁城太和殿屋顶上的勾头、滴水、筒瓦、板瓦等琉璃构件均使用的是尺寸最大的二样，正脊大吻使用了最大的鸱吻十三拼，即由十三块琉璃瓦拼接而成。琉璃构件的规格尺寸充分体现了统治阶级的意识和建筑礼仪的文化。

二、屋顶的色彩文化

屋顶的颜色取决于琉璃瓦的颜色，而琉璃瓦的应用又有着严格的等级区分，不能僭越使用。黄色琉璃瓦只限于紫禁城宫殿或重要的庙宇使用，王公府邸最多能用绿色琉璃瓦，官员及普通百姓则只能用布瓦。但值得注意的是，琉璃瓦的颜色不仅反映了等级观念，还会受到传统文化与审美取向的影响。因此，紫禁城内不只有黄色琉璃瓦，也有其他颜色的琉璃瓦。

中国古代建筑在格局及颜色的使用上受五行思想的影响，不同颜色的琉璃瓦对应不同的五行元素。在五行思想中，古人认为世界万物皆由金、木、水、火、土五大元素构成，与之对应的五种颜色为白、绿、黑、红、黄。紫禁城中，建筑多为黄色琉璃瓦，除却标识等级，兼有皇家位于中央在五行中属土的缘故，土为黄色；皇子居住的宫殿多为绿色琉璃瓦，应与宫殿坐落在紫禁城东侧相关，五行中东属木，木为绿色，同时"木"又蕴含生机勃勃的含义，寄托了皇家期望皇子像树木一样茁壮成长的美好愿望；文渊阁屋顶覆黑色琉璃瓦，因其是藏书的地方，忌火，故将代表五行属水的黑色作为琉璃瓦颜色，再配以绿剪边装饰，希望能使建筑免遭火灾。

至于园林建筑屋顶那不拘一格的颜色，自然是出于审美角度的考虑。御花园中的浮碧亭为绿瓦黄剪边，宁寿宫花园中的碧螺亭为绿瓦蓝剪边，建福宫花园中的抚辰殿为蓝瓦黄剪边。真可谓五彩缤纷，眼花缭乱。

三、屋顶的实用性与养护

除了遮风避雨外，屋顶还可以使建筑冬暖夏凉，起到隔热和保暖的作用。以太和殿为例，它是坐北朝南而建，建筑高度约35米，相当于今天12层楼房的高度。室内梁架比较高，屋檐挑出很多。夏天，由于太阳照射高度高，屋檐就像遮阳帽一样将阳光遮挡在外面，室内比较凉爽（经实验表明殿内外有17摄氏度的温差）。冬天，由于太阳照射高度偏低，大殿墙体较少，门窗较多，阳光能透过窗户照射到殿中，况且高大的屋顶更有效隔绝了室外的冷空气，并将热气保留在宫殿内部，增加保暖度。

紫禁城的古建筑为土木结构，在使用过程中需要进行日常养护。明清时期将紫禁城内的这种常规修缮工程，称为"岁修"。清代专门负责宫廷修缮事宜的机构是内务府营造司。顺治时期叫作"内工部"，康熙十六年（1677年）改为"营造司"。建筑屋顶的日常养护主要包括除草清垄、查补雨漏等内容。瓦垄较易存土，瓦背中有大量黄土，瓦垄及瓦背出现裂缝的地方很容易滋生苔藓、杂草甚至小树。植物对屋顶损害极大，或造成屋顶漏雨，因此务必及时清除，然后再对瓦构件局部漏雨的地方进行修补。乾隆朝及此后都曾有除草及瓦片修补的记载。如乾隆朝《钦定大清会典则例》内有："南面皇城并长安左右门上蒿草蔓生，瓦片亦有脱损者，著委官每年拔草苫补一次，其东西北三面皇城，著五年苫补一次。"长安左右门是北京皇城的两座城门，位于天安门东西两侧，今已不存。嘉庆朝《钦定大清会典事例》中也可见这方面内容："禁城围墙等处拔草抅抿添补瓦片处所，由各该处先期查明，分晰造报，派员查估，责令承修司员加意妥办。"

不仅如此，在清宫对建筑的大规模修缮工程中，同样涉及屋顶的养护。有别于日常养护，大规模修缮属于对多组建筑的专项维修，具有修缮范围大且耗时长的特点。乾隆御制诗文《冬令还宫之作》中记述："冬令此还宫，维新殿阁崇，徐为三岁落，非藉庶民攻。"宫殿的装饰已经颜色发旧了，特拨款重新修缮，历时三年之久，工程

是由政府出资雇工匠完成而不是征调徭役。将紫禁城内所有建筑，葺旧补漏，油漆彩画。清光绪十六年（1890年）也对紫禁城建筑开展过大规模修缮。当时内务府先后对乾清宫、坤宁宫、养心殿、东西六宫区域、慈宁宫区域、重华宫区域等建筑进行了维修。由于这些建筑在夏季遭受过连旬的大雨，屋顶都有渗漏，渗水后会对古建中的梁柱、墙面等造成破坏性的损坏，因此免不了对屋顶进行一番养护。

清朝灭亡后，宫中许多建筑年久失修，屋顶生草阻碍排水，雨季渗漏严重。故宫博物院成立后，对一些失修严重的建筑进行了维修。中华人民共和国成立以来，故宫的维修和保护得到了更加高度的重视。1949年至1974年间，故宫博物院先后对紫禁城的宫殿进行了多次修缮与保护工程。

古建修缮并不是焕然一新，而是秉承"修旧如旧"的原则，尽量使用原有的构件，以养护为主。自21世纪初，故宫博物院启动名为"百年大修"的大规模修缮工作，其中建筑上覆盖的琉璃瓦是维护建筑结构的最外层构件，损坏极其严重，出现了老化、釉质脱落，还存在渗水的问题。在修复时，要先将拆下来的琉璃瓦进行分类编号，再逐一进行清洗，修补。琉璃剥落严重的还要重新挂釉，但对重新挂釉的琉璃瓦还要给予新的时间标记。修缮完成后，所有的琉璃构件要放回原来的位置上。能用的就不修，能小修的就不大修，这样既修复了古建，也遵从了"修旧如旧"的修缮原则。

四、结语

经历了数千年的发展，屋顶已经引申变化出丰富多彩的样式，在建筑体系中独树一帜，被称为"中国古代建筑之冠冕"。经过古今匠人们的悉心维护、薪火相传，这些建筑得以传承数百年、上千年，与之相伴还有历史文化，以及世世代代、生生不息的工匠精神。

参考文献

［1］魏收.魏书［M］.何德章，修订.北京：中华书局，2017.

［2］王文涛.关于紫禁城琉璃瓦款识的调查［J］.故宫博物院院刊，2013（4）.

［3］允祹，等.钦定大清会典则例：乾隆朝［M］.台北：台湾商务印书馆，1986.

［4］昆冈，等.钦定大清会典事例：光绪朝［M］.台北：新文丰出版公司，1977.

［5］刘大可.中国古建筑瓦石营法［M］.北京：中国建筑工业出版社，1993.

［6］托津，等.钦定大清会典事例：嘉庆朝［M］//近代中国史料丛刊三编.台北：文海出版社，1992.

［7］清高宗弘历.清高宗御制诗三集［M］.蒋溥，等编纂.北京：中国人民大学出版社，1993.

［8］刘鸿武.清光绪朝的紫禁城修缮［C］//中国紫禁城学会论文集：第二辑，1997.

屋脊上的小精灵——紫禁城的屋脊兽

◎ 谭梓欣

屋顶是中国传统建筑中一个重要的组成部分。在漫长的历史发展过程中，屋顶不仅衍生出丰富多样的形式，还自带一些建筑构件，它们既实用又具有装饰功能。比如屋脊上的一只只小精灵，有被宝剑禁锢在正脊上的、有蹲成一排的、有盘踞在屋脊上的。它们用灵动的姿态守护着巨大的屋顶、房屋，甚至住在屋子里的人们。

一、象征身份的琉璃建筑构件

说到紫禁城，在阳光照耀下闪烁光彩的黄色屋顶就是整个皇家宫殿群中绝大多数建筑最重要的特征之一。屋脊兽也是如此，大都泛着光泽，与屋顶铺面使用的瓦都属于琉璃建筑构件，是明清两朝统治者崇高地位的象征。

琉璃是釉陶，属于陶瓷中的一个品类。琉璃烧造技术并非国产，也不是随着屋顶的出现就运用在屋顶上的。这种陶器烧造技术发源于遥远的西方，现在所说的"琉璃"二字是音译，在梵语中指带彩的陶器。《汉书·西域列传》中曾记载的罽宾国产"壁流离"，其实就是琉璃。北魏时期，人们开始将琉璃使用在建筑上。《魏书·西域传》记载世祖

图 1　紫禁城俯瞰图

拓跋焘时，大月氏人将琉璃带到京师贩卖，还称可以将土石铸成五色琉璃，于是京师开始烧铸琉璃，做出来的产品比原产地的品质还好。世祖还命人将琉璃构件运用到建筑上，令观者啧啧称奇。由此可见，明清皇家建筑上大量出现的琉璃建筑构件，发源于一千多年前的北魏时期。当然，此时琉璃还不是主流的建筑构件。随着时间的推移和技术的提升，琉璃在建筑材料中的地位越来越高。《营造法式》可谓宋代的"建筑营造标准"，全书由将作监李诫奉敕编撰，用于规范各式建筑的施工、建材用量、建

材制作等，以形成明确的等级制度，同时防止官员贪污。书中详细记载了琉璃器的烧制方法、用料、劳动定额等项目，说明宋代琉璃建筑构件的烧造技术已经成熟和规范，并且政府已在管控此类建筑构件的烧造。

时至明清，对琉璃建筑构件生产和使用的要求更加严格。《明会典》中提到洪武二十五年（1392年）规定，但凡京（今南京）中营造需要使用的砖瓦，都在聚宝山建窑烧造，不仅如此，当中还记载了每个琉璃窑要装多少块琉璃砖、用多少釉料、工匠记几分劳动成果，就连烧造琉璃砖时使用的芦柴量都有具体规定。清代有过之而无不及。《大清会典》记载康熙二十年（1681年）题准"各工所需琉璃砖瓦，令管工官员先将应用实数核算具呈，照数给发钱粮，监督预行备办。除冬三月及正月严寒停止烧造外，余月，以文到之日为始，定限三个月，烧造送往工所。管工官员亲身验看，随到随收，给发实收。完日，将实用过数目，及余剩数目，并实收，缴查核销"。琉璃构件的原材料、生产工匠、生产工时都受到相应约束。另外，工程若有用剩的琉璃砖瓦，应记录好放在库房中，不允许买卖。清代政府对琉璃砖瓦尺寸和大小有清晰界定。《钦定大清会典事例》记载康熙二十年（1681年）"议准琉璃砖瓦大小不等，共有十样。除第一样与第十样向无需用处，毋庸置议"。换言之，清代的琉璃砖瓦共分成一样到十样十种尺寸的琉璃砖瓦，其中一样和十样用不到，基本不再烧制。雍正十二年（1734年）颁布的《工程做法》明确开列二样到九样琉璃砖瓦需要使用的原材料和劳动力，起到了规范生产、防止贪污、严格管控琉璃砖瓦的作用。《钦定大清会典事例》中有康熙二十七年（1688年）民间房屋不允许擅自使用琉璃瓦的条令，一经发现，严行治罪，说明清代的琉璃砖瓦是统治者垄断的建筑材料，未经皇室许可，绝对不可以使用。

二、正吻

在众多的琉璃建筑构件中，屋顶上的小精灵们相当吸睛。位于房屋的正脊上，就像两个小耳朵一样架在屋顶两边的是正吻，又被称为大吻、螭吻、龙吻等，是龙的形象。

这种"小耳朵"的历史悠久，从功能的角度来说，正吻处于正脊和两条垂脊的交会处，此处容易漏水。在这里放置一个建筑构件，能够很好地起到防水的作用。随着建筑技术的发展，这一建筑构件逐渐出现各式各样的形象，富有浓厚的装饰意味。正吻最初不仅不是龙的形象，甚至根本不叫正吻。《水经注》中提及了正吻的前身："（林邑）西区城内，石山顺淮面阳，开东向殿，飞檐鸱尾。"其中鸱尾就是后世的正吻。北宋成书的《唐会要》记录汉武帝时，宫殿火灾，巫师建议武帝在兴建新宫殿的时候将鸱鱼的形象设置在屋脊之上，并在梁上画藻井的纹样，用来防火。这则故事的真实性有待商榷，但宋代人们认为鸱尾有防火寓意的思想很普遍。如《营造法式》中解释鸱尾："东海有鱼，虬尾、似鸱，鼓浪即降雨，遂设象于屋脊。"表明这种类似鸱的鱼能兴风作雨，防火赈灾。故宫博物院所藏书画类文物中有宋人画《杨柳溪堂图》页，其中的建筑的正脊两端就是鸱尾。同样，辽宁省博物馆的馆藏名画赵佶《瑞鹤图》也绘有类似的鸱尾。

图 2 宋元集册第一本——宋人《杨柳溪堂图》页（局部） 故宫博物院藏

明清时期，皇室建筑上的鸱尾纹样更加精美，并逐渐转向龙形，演变为现在紫禁城能看到的正吻。龙形的正吻在原本防水的功用之外，更添加了几分皇权的威严。

正吻纹样精美，装饰复杂。龙的头部位于正吻下方，口张大"吞"住正脊，龙须飘逸，龙爪锋利，龙身覆满鳞片，尾巴向上在头部上方卷起。此外，还能看到一条仔龙，飞在空中正用前爪紧紧抓住正吻

图 3 大修前太和殿屋顶东大吻

的龙角。除却主体，正吻上有剑靶，侧面另有背兽。至于装置剑靶的原因，民间传说正吻是龙生九子之一的螭，为防止螭造反篡位，特在它身上插一把剑。还有说法声称是人们怕龙飞走，才用剑锁住它。

紫禁城中不乏体量较大的宫殿，正吻大小与房屋体量呈正相关，因此留存有不少大型正吻。由于正吻太大，无法一次烧成，工匠遂将正吻分成数块。最大的正吻位于太和殿的屋顶，主体部分由十三块琉璃砖拼接而成，高约3.4米，重近4.3吨。其他宫殿的正吻有十一拼、十拼、九拼、七拼，到两拼和整体烧成者。在清代，正吻具有神

圣的意义，安装时颇费工夫。等级较高的建筑，在安装正吻前，需有官员赴琉璃厂迎吻，并举行安装仪式，设供品，焚香跪拜。

三、脊兽

脊兽，也被称为小兽、走兽，是中国传统建筑屋顶上的建筑构件。梁思成先生认为，仙人和走兽可能是屋脊上的瓦钉经过装饰后逐渐演变而来的。同时，脊兽位于屋顶两个坡面的交会处，有防漏水的功能。

脊兽的形象繁多，除了龙、凤、狻猊这类神兽，还有兔子、马等动物。除此之外，屋脊上类似的装饰还会出现人的形象，如人骑马、仙人、力士，显然他们不太适宜被称为脊"兽"了。紫禁城建筑常见骑凤仙人，其身着汉服，骑在凤（或鸡）上，或是一位道家仙人，抑或是战国时期齐湣王的化身——他曾被多国联军攻击，仓皇出逃，走投无路，终被凤凰所救，因此有逢凶化吉的吉祥寓意。仙人后面才是所谓的脊兽。清代官式建筑的脊兽形象讲求规范，相对于民间建筑，略显单一。根据《大清会典》的记载，紫禁城的脊兽满打满算也就有十种，从仙人侧按顺序数应为：龙、凤、狮子、天马、海马、狻猊、押鱼、獬豸、斗牛、行什。按照房屋体量，从龙开始，安置数量不等的脊兽，可直观反映出建筑的体量和等级，这是建筑屋檐上脊兽个数的重要规律之一。

紫禁城中，拥有脊兽数量最多的宫殿非太和殿莫属，每个檐角有十只。太和殿用于举办盛大的典礼仪式，是紫禁城中体量最大、等级最高的宫殿，象征着统治者的最高权力，在这里，可以见到数量最多、各显神通的脊兽。龙是人们熟知的神兽，宋代成书的《尔雅翼》中记载它"角似鹿、头似驼、眼似鬼、项似蛇、腹似蜃、鳞似鲤、爪似鹰、掌似虎、耳似牛"，可以飞天潜水，是皇帝尊贵身份的象征；凤是神鸟，"处于东方君子之国，翱翔四海之外"，也是皇室权威的象征；狮来自西域，除了屋脊上，在一些庄严的大门外经常能看到它的身影，威严、警觉地守护皇家宫殿；天马有翅膀，《山海经》记载它居住在马成之山，像一只头为黑色的白狗，见人就会飞起来；海马则非现代生物学所指的海洋生物，而是脚踏浪花，可以在海上奔跑的神兽；狻猊相传日行五百里，是一种勇猛、威武的神兽；押鱼据说是海中异兽，可以兴风作雨，防火赈灾；獬豸为神话中的动物，头上有一角，是法律公平性的象征；斗牛依然来自神话传说，"遇阴雨作云雾"，是防火赈灾的神兽；行什人身猴面，背部有翅膀，手中持金刚杵，是雷公的模样，具有防雷消灾的功能。

其他宫殿上的脊兽数量不尽相同。保和殿、乾清宫、皇极殿、奉先殿、慈宁宫这类具有礼仪性质或皇帝专属的建筑，等级仅次于太和殿，每个檐角有九只脊兽；中和殿、交泰殿、坤宁宫、养心殿、斋宫这类体量略小一点的建筑檐角使用七只脊兽；东西六宫作为后妃生活区，建筑体量更小，一般院落里的正殿使用五只脊兽。总之，除太和殿外，每个檐角上脊兽的数量几乎都是奇数，此为紫禁城宫殿上脊兽排列的又一特点。

图 4　太和殿屋脊上的脊兽

太和殿的檐角有十只脊兽，属于中国古代建筑中的特例。太和殿最初建成于明永乐十八年（1420 年），此后经历数次严重火情。清康熙十八年（1679 年），这座建筑最后一次遭到焚毁。太和殿的重建工作于康熙三十四年（1695 年）开始，建筑形制参考了明末天启年间和清初顺治年间所进行的两次时代相去不远的重建工程，历时两年完成，最终留存至今。添加行什的时间和原因便要从康熙时的这次重建说起。清代沿袭明代瓦制，共有十样瓦，前文提到康熙年间停烧一样和十样，因此太和殿的重建使用的是二样瓦。故宫博物院古建部专家黄希明认为，天启年间和顺治年间太和殿的重建大概率使用了一样瓦，同样的建筑规制下，康熙时期使用小一点的二样瓦必会造成垂脊在安放脊兽的时候多出空当。如果说这多出的空当为行什的出现提供了客观条件，那么帝王的心理需求就刚好构成了主观原因。康熙皇帝十分重视火灾防范，他重建太和殿时将两侧的斜廊改成防火墙，并于在位期间多次要求臣民注意防火。太和殿本就毁于火灾，防火必是重中之重，行什以雷公为原型，掌控雷火，寄托着帝王美好的期盼，"顺理成章"地成为太和殿屋脊上的第十只脊兽。

四、雨花阁上的屋脊兽

站在保和殿后身的月台上向西北方望去，一座三层的楼阁（外观为三层，内部有四层）映入眼帘，覆满鎏金铜瓦的屋顶和盘踞屋脊上的四条鎏金铜龙时刻向世人彰显着自己独特的身份。这座楼阁就是修建于乾隆十五年（1750 年）用于举办佛教活动的佛楼雨花阁。其仿照西藏托林寺的佛殿而建，融合了汉式建筑和藏式佛教建筑的特点，是紫禁城中独树一帜的建筑形制。雨花阁上的四条龙曾于乾隆四十一年（1776 年）取下并重新铸造，几年后重新铸好放回雨花阁。溥仪在他的回忆录《我的前半生》中提到，年幼的他生活在紫禁城时，太监曾告诉他雨花阁屋檐上某一条龙常在晚上飞到长春宫

图 5　雨花阁屋檐上的鎏金铜龙

的水缸里喝水,因此某位皇帝还特意为这条龙在长春宫台阶上准备了一个石枕。尽管这是一则为了搪塞小孩子而随意编出的无稽之谈,却凸显了雨花阁上的四条铜龙的神秘和尊贵。

五、结语

古人固然重视防火,采取了安放水缸等实际措施,但因没有先进的科技支撑,难免迷信地借助屋脊上精灵们的美好寓意求得心理上的慰藉。除了防水的实质功用外,屋顶上"神通广大"的小精灵们被人们赋予防火赈灾、耀武扬威等不切实际的期盼。

如今,人们采用实际有效的手段接过赋予小精灵们的重担。故宫博物院坚持以更加科学的手段保证古老的建筑躲避雷火之灾,通过严谨的监测和用电防火规则守护百年建筑。从1957年起,故宫博物院开始有计划地为院内高大建筑安装避雷针,有效保护古建筑,减少雷击对古建筑的损害。除此之外,院中还驻扎了一支消防队,以保证故宫建筑的安全。

故宫博物院亦已利用各式各样的方式手段向观众讲述小精灵们承载的中国历史与文化,将中华优秀传统文化传承和弘扬下去。小精灵们被安放在屋顶,斗转星移间,从帝王的寄托转换为文化的传承。

参考文献

[1] 王光尧.关于青花起源的思考[J].故宫博物院院刊,2003(5).

[2] 班固.汉书[M].北京:中华书局,2007.

[3] 张维用.琉璃名实辨[J].故宫博物院院刊,1986(2).

[4] 魏收.魏书[M].何德章,修订.北京:中华书局,2017.

[5] 梁思成.梁思成全集[M].北京:中国建筑工业出版社,2001.

[6] 李诫.营造法式[M].邹其昌,点校.北京:人民出版社,2006.

[7] 李东阳,等.大明会典[M].申时行,等重修.扬州:广陵古籍刻印社,1989.

[8] 大清五朝会典[M].北京:线装书局,2006.

[9] 昆冈,等.钦定大清会典事例[M].台北:新文丰出版公司,1976.

[10] 王文涛."物勒工名"——紫禁城宫殿建筑琉璃瓦件款识中的匠与作[J].故宫学刊:第22辑,2021.

[11] 王光尧.中国古代官窑制度[M].北京:紫禁城出版社,2004.

[12] 李全庆.话说大吻[J].故宫博物院院刊,1985(2).

［13］王文涛.浅析紫禁城建筑上的琉璃吻［J］.紫禁城，2012（12）.
［14］郦道元，陈桥驿.水经注校证［M］.北京：中华书局，2007.
［15］王溥.唐会要［M］.上海：上海古籍出版社，2006.
［16］韩昌凯.中国传统建筑装饰艺术：脊兽［M］.北京：中国建筑工业出版社，2012.
［17］张淑娴，海君.局部的意味：紫禁城建筑局部解析［M］.北京：作家出版社，2004.
［18］周乾.紫禁城古建筑防火的传统方法［J］.工业建筑，2019（4）.
［19］福克斯.西洋镜：中国屋脊兽［M］.赵省伟，主编.周海霞，译.广州：广东人民出版社，2020.
［20］罗愿.尔雅翼［M］.石云孙，点校.合肥：黄山书社，1991.
［21］许慎，段玉裁.说文解字注［M］.上海：上海古籍出版社，1988.
［22］山海经［M］.方韬，译注.北京：中华书局，2011.
［23］于敏中，等.日下旧闻考［M］.北京：北京古籍出版社，2001.
［24］黄希明.太和殿行什相关问题讨论［J］.故宫博物院院刊，2014（2）.
［25］王子林.清代太和殿的两次重建［J］.故宫博物院院刊，2020（10）.
［26］于倬云.紫禁城宫殿［M］.北京：生活·读书·新知三联书店，2006.
［27］王家鹏.故宫雨花阁探源［J］.故宫博物院院刊，1990（1）.
［28］爱新觉罗·溥仪.我的前半生［M］.北京：人民文学出版社，2009.
［29］王时煦，于倬云，白丽娟.故宫博物院的防雷历史与经验总结［C］//中国紫禁城学会论文集：第三辑，2000.

雕梁画栋，异彩纷呈——紫禁城的彩画

◎赵继凤

紫禁城是一座拥有600多年历史的古代宫殿建筑群。当你畅游在其中，随处可见一座座红墙黄瓦、富丽堂皇的宫殿。在众多宫殿之间，还点缀着各式精美而又色彩绚烂的图案。这些图案题材丰富、内容多样，为高大宏伟的古建筑外观增添了亮丽的一笔。它们就是那些雕梁画栋、异彩纷呈的彩画。

一、彩画溯源及作用

彩画是绘于木制结构的梁枋、天花、柱头、斗拱、椽子等表面上的装饰绘画，多为实用的纹样题材，也有少量具象的小品题材。

关于彩画，《论语·公冶长》有"臧文仲居蔡，山节藻棁，何如其知也？"的记载，《春秋穀梁传注疏》有"礼楹，天子丹，诸侯黝垩，大夫苍，士黈"等记述。所谓楹即是柱，节是坐斗（斗栱），棁是瓜柱。说明春秋时代已在抬梁式木构架建筑上施彩画，而且在建筑色彩方面同样有严格的等级制度了。

不过，早期出现在木构件上的装饰并非现在意义上的彩画，只能称作"彩"。目的是保护木构件，同时也为掩盖木材表面的节疤、斑痕、纹理、色泽不匀等自然缺陷，而在木构件上涂以各种颜色的油漆，并没有"画"。随着审美要求的提高，木构件上施油彩已经不能满足人们对美的欣赏，渐渐地还会绘上各种图案，这就是今天所见到的彩画。

彩画从出现逐步走向成熟的过程，诠释了它多重的作用：其一，保护木质结构，使裸露在外的木构件免遭风吹雨打的侵蚀。其二，以丰富的形式和精美的图案，装饰美化木构件外观。其三，彩画的形成、完善，与传统的儒家文化息息相关，承担了彰显伦理、区分房屋主人社会地位的作用，体现了建筑的等级。其四，中国古代建筑彩画的图案承载着中国传统文化和佛教文化信息，尤其明清两代吉祥题材愈加丰富，传达着趋吉辟邪、祈祥纳福的寓意。

二、彩画的制作工艺

彩画的制作工艺，历经了各朝的演变和发展，明清时期已经形成规模。明清官式彩画[①]主要制作工艺分为：地仗、油饰和沥粉贴金工艺。

地仗全名称为油灰地仗。它是类似混凝土一样的保护层，由多层灰料组成，是一种非常坚固的灰壳。据考，目前所见最早的地仗实物是1925年在赤塔[②]（东康堆古城）附近发掘多移帮哥王府（成吉思汗之孙）遗址时，在残木柱上发现的"用粗布包裹涂有腻子灰、表面绘有动物形象的泥饼"，表明元代就已有在木构件上作地仗的情况。

明代继元之后，地仗做法比较简单，并且不是所有彩画都打地仗层。原因在于明代大都使用南方的楠木，木材相对完整，表面光滑，可直接在木骨上进行油漆彩画。而到了清代，许多建筑因反复修缮，原有构件大多破损，不够平直圆顺，加之当时珍贵木材匮乏，木料质量下降，表面粗糙、凹凸不平，有些木构件为了达到尺度上的要求，甚至出现了包镶柱子、拼合梁枋的做法。显然，"地仗"工艺能圆满地解决这些问题。随着时间的推移，地仗做法日益加厚，形成了一套复杂、完整的工艺体系。

地仗所使用的材料主要由砖灰、猪血、桐油、面粉、麻、布等组成。制作工艺多种多样，复杂烦琐，有单披灰、一麻五灰、二麻六灰等做法。为保护地仗层和建筑构件的美观，会在地仗层外粉刷"油饰"再进行绘画。古代油饰材料中，含有鲜为人知的猪血成分。猪血在经过熟石灰水发酵后，有防虫、防潮的良好效果。

清代鼎盛时期，社会经济实现了长足的发展与进步，为了提高其华丽程度和等级，官式彩画多以金箔装饰，即"沥粉贴金"工艺。沥粉贴金技术，最早多用于壁画和塑像上。敦煌莫高窟初唐57窟和盛唐45窟壁画的头饰璎珞和泥塑武士的衣甲上，即有现今发现最早的沥粉贴金工艺。然而，这一工艺应用在彩画中则较晚，在宋代有所发展，但尚未流行开来。明代彩画沥粉贴金的应用渐次增多，现存明代彩画中已有实例可见。到了清代，无论是沥粉贴金的技术还是用金量，都超越了历朝历代，达到了登峰造极的水平，并且是绘制彩画过程中必不可少的重要工艺。

彩画在沥粉贴金前首先要"拍谱子"，即根据彩画需要的实际尺寸和设计方案，预先将画稿画在牛皮纸上，定稿后将牛皮纸上的图样扎成连续并紧密排列的小孔。然后将谱子按在木构件上，用粉包拍打，使粉迹可以透过针孔附着在木构件之上。至此"拍谱子"的工序就完成了。一张谱子可以反复利用。接下来是沥粉，"沥粉"的专用工具是一个一端装有金属导管的特制皮囊，里面装有"粉糊"。沥粉即是根据谱子上勾

[①] 官式彩画一般多受一定制度或规范的制约，且等级严格、鲜明。主要用于宫殿、庙宇以及一些官属建筑之上。

[②] 现为俄罗斯联邦领土。

画的轮廓线,将袋中的"粉糊"通过金属导管挤出,形成与谱子上一致的线条。待晾干后,便进行贴金。这道工艺是对彩画的某些重点部位贴以金箔。金箔分为库金[①]和赤金[②]两色金。为了突出立体效果,需要先在预贴金箔的部位用沥粉打底,再在沥粉表面涂上一层桐油,最后用相应的黏合剂将金箔固定在上面。

三、彩画的类型

紫禁城是明清两代皇宫,存有明清官式彩画,但明清易代后,几经大修,明代彩画已不多见,存世的大部分为清代官式彩画。

清代官式彩画常见有三大类:和玺彩画、旋子彩画和苏式彩画。

1. 和玺彩画

和玺彩画是中国古代建筑中最高等级的彩画,以主体轮廓框架呈"Σ"形为主要特征,它在这三类彩画中成型最晚,是清代才创建的彩画形式。和玺彩画的主要特点是沥粉贴金的部位较多,装饰图案以龙凤为主,是一种艺术风格富贵华丽的彩画。这类彩画的名称最早出现在清代工部的《工程做法则例》中。这部书和宋代的《营造法式》成书原因相似:在各种建筑技艺已经相当成熟的情况下,是为统一营造标准、加强工程管理、验收及核销工料经费定额之用。书中这类彩画被称为"合细"彩画,可以理解为"聚集精细",即集各种彩画之细的意思。至1934年,我国著名建筑学家梁思成先生著成《清式营造则例》一书,才首次将此类彩画称为"和玺彩画"。

(1) 各部分图示

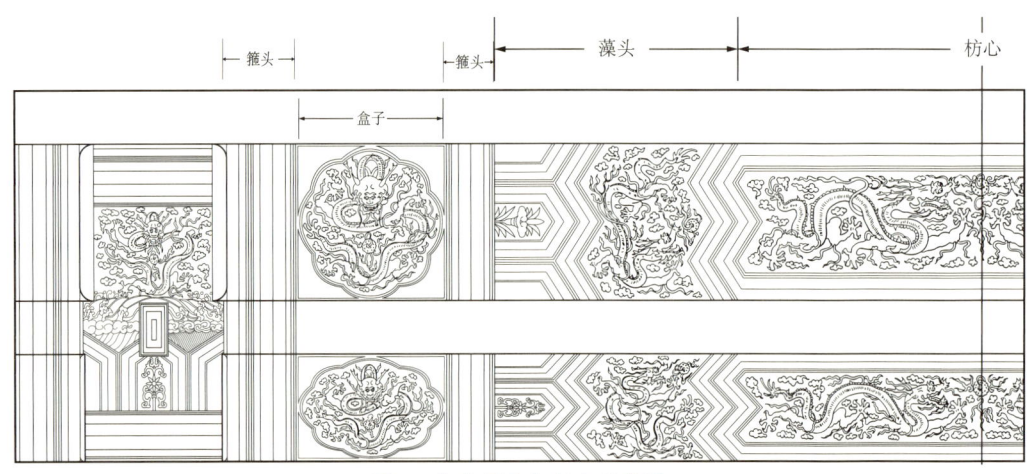

图1 和玺彩画各部分示意图

[①] 库金,现代称之为"九八金箔",含金量98%。
[②] 赤金,现代称之为"七四金箔",含金量74%。

（2）分类与等级

①金龙和玺

包括盒子[①]、藻头、枋心在内皆以龙纹为主题，有行龙、升龙、降龙、团龙、龙戏珠等，龙间或配以火焰、云气。金龙和玺是和玺彩画中沥粉贴金工艺用金量最大的彩画，只适用于装饰举行典礼、处理政务的核心宫殿和重要坛庙的主殿。金龙和玺彩画是和玺彩画中等级最高的彩画。

图2　金龙和玺彩画　　　　　　　　　　　齐梦伯摄

②龙凤和玺

采用龙凤匹配的纹饰，属于和玺彩画中的第二等彩画。龙凤相配的纹饰有两种处理方法：一种是在枋心绘龙凤纹组合在一起的图案，称为"龙凤呈祥"；另一种是龙凤纹单画，并使用青绿两色为底色，青地画龙、绿地画凤，称为"天龙地凤"。且凡枋心、盒子画龙的，藻头均画凤；枋心、盒子画凤的，藻头则画龙。

图3　龙凤和玺彩画——龙凤纹组合在一起　　　　齐梦伯摄

[①] 在构件的两端用两条箍头隔成近方形的画框，形成了盒子。

图4 龙凤和玺彩画——龙凤纹单画　　齐梦伯摄

③金凤和玺

枋心、藻头、盒子都绘以金凤纹样，这种彩画亦属于第二等彩画，一般用于皇后寝宫和地祇神庙等。枋心的双凤图案，寓意为"双凤昭富"。

如果将龙凤和玺或金凤和玺彩画的藻头部位改为灵芝图案，相邻构件改为西番莲团，相间排列，那便可以称为龙凤枋心（或金凤枋心）西番莲灵芝藻头和玺彩画。其等级仍为二等，适用于帝后、妃嫔寝宫和祭天坛庙中。

图5 金凤枋心西番莲灵芝藻头和玺彩画　　齐梦伯摄

④龙草和玺

龙草和玺彩画即采用龙草相间的图案，枋心、盒子、藻头由金龙和卷草调换构图，使用红绿两色为底色，绿地绘金龙，红地绘卷草，因常配以法轮，又称为法轮吉祥草。这种彩画的五彩色调更为鲜明，属于和玺彩画中的第三等彩画，用于装饰皇宫中的重要宫门、中轴线上的配殿、配楼和重要寺庙殿宇。

图 6　龙草和玺彩画　　　　　齐梦伯摄

2. 旋子彩画

较之和玺彩画，旋子彩画在紫禁城中更为常见。等级仅次于和玺彩画，多用于宫廷的配殿、次要殿堂、坛庙、陵寝、王府、园林或官衙等建筑，是应用最为广泛的一种彩画。在彩画行业中，画师将其俗称为"蜈蚣圈""学子""圈活"等，梁思成先生在《清式营造则例》中为其定名"旋子彩画"。

（1）各部分图示

图 7　旋子彩画各部分示意图

（2）特点与变化

旋子彩画的最主要特点就是在藻头部位画青绿旋瓣团花，以及图案整体颜色采用青绿间色。整个彩画用冷色调，图案整齐素雅。整团旋花呈正圆形，由花心、一路瓣（大的团花会出现两路瓣）和旋瓣组成。旋瓣即为涡卷式瓣。清代旋花的旋瓣多为10至12瓣。旋花整体构图的基础是一个整团花和两个半团花的组合，称为"一整二破"。由于藻头部位的长短不同，为了适应长度，则会采用添加辅助图案的方式进行调整，如加一路旋瓣，加两路旋瓣，加金道冠、加勾丝咬及加喜相逢等。加喜相逢即在一整两破图案的基础上，再增加一整两破。

图8 一整两破　　　　　　　　　　　　　　齐梦伯摄

图9 一整两破加一路　　　　　　　　　　　齐梦伯摄

雕梁画栋，异彩纷呈——紫禁城的彩画

图10　一整两破加两路　　　　　　齐梦伯摄

图11　一整两破加勾丝咬　　　　　齐梦伯摄

图12　一整两破加金道冠　　　齐梦伯摄

图13　一整两破加喜相逢　　　齐梦伯摄

（3）分类与等级

与和玺彩画一样，旋子彩画也是等级分明。主要根据沥粉贴金的用金量不同，旋子彩画被分为八个等级，分别用在不同等级的建筑物上。

这八个等级分别是：浑金、金琢墨石碾玉、烟琢墨石碾玉、金线大点金、墨线大点金、小点金、雅伍墨和雄黄玉。

由于这部分的分类非常复杂，在此只介绍最简单易分辨的三种：

①浑金彩画，即整个图案完全采用沥粉贴金，不再绘制其他颜色，用金量较大。这种彩画非常高贵，并不常用。

②雅伍墨彩画为青绿色调，完全不用金，全部使用墨线，是最为简约的彩画。

③雄黄玉彩画以雄黄为基色调，而非青绿色调，未用沥粉贴金。因这种彩画要使用雄黄、樟丹等毒性颜料，具有防虫作用，所以多用在书房、藏经楼、库房等地。

雕梁画栋，异彩纷呈——紫禁城的彩画

图14 浑金

图15 雅伍墨　　　　　　　　　　齐梦伯摄

图16 雄黄玉　　　　　　　　　　齐梦伯摄

（4）枋心纹饰

旋子彩画枋心位置的主题纹饰内容根据建筑功能装饰的需要而设置，变化多端。如紫禁城中常见的锦纹枋心，以工整细腻的几何图案为内容。凤纹枋心，以凤凰为主题，有时辅助绘画牡丹、散云纹等。显然，通过枋心名称能辨别纹饰，反之，由图案纹饰也能得知枋心名称。其他常见枋心纹饰还有一字枋心、空枋心、夔龙枋心等。

图 17　锦纹枋心　　　　　　　　　　　　齐梦伯摄

图 18　凤纹枋心　　　　　　　　　　　　齐梦伯摄

图 19　一字枋心　　　　　　　　　　　　齐梦伯摄

图 20　空枋心　　　　　　　　　　齐梦伯摄

图 21　夔龙枋心　　　　　　　　　齐梦伯摄

3. 苏式彩画

官式苏式彩画由我国江南苏州地区传来，但在纹饰、色彩、工艺等方面与当地的彩画又有所不同。它以青绿色为主，搭配红、黄、紫、香色等，需要时也会施以贴金工艺，主要应用于装饰皇家园林建筑，内容贴近生活、轻松活泼，适合装点于亭、台、阁、轩、榭、花门、游廊等小型园林建筑。

（1）各部分图示

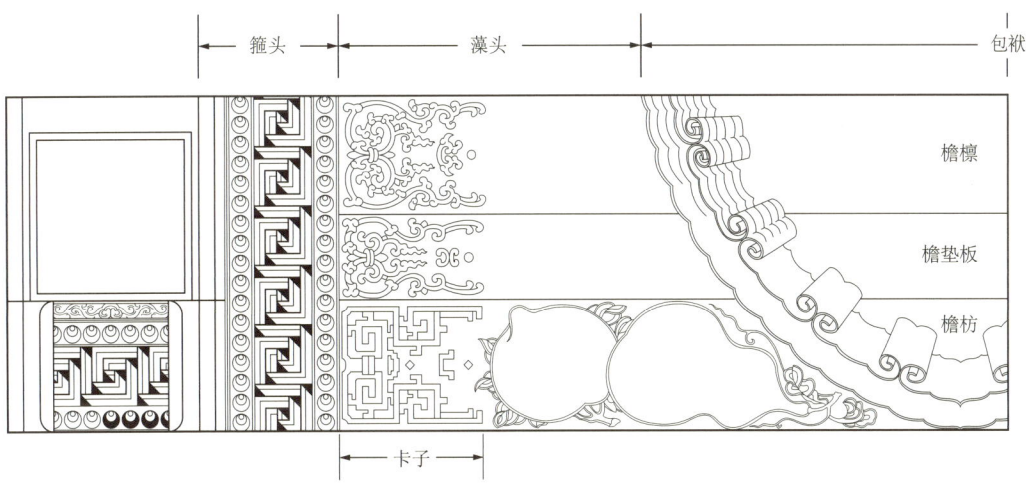

图 22　包袱式苏式彩画各部位示意图

（2）分类

苏式彩画从构图上，可以分为枋心式苏画、海墁式苏画和包袱式苏画三类。

①枋心式苏画

枋心式苏画的檩[①]、垫、枋三个构件分别绘彩画，每个构件如同旋子彩画一样分为箍头、藻头、枋心三部分。

图23　枋心式苏式彩画　　　　　　　　　　齐梦伯摄

②海墁式苏画

海墁式苏画同样是檩、垫、枋三个构件分别绘彩画，每个构件的两端画箍头和卡子（也有的不画卡子），其内无枋心，而是统一画各种图案。

图24　海墁式苏式彩画　　　　　　　　　　齐梦伯摄

---

① 檩是架在房梁上托起椽子的横木，其特点是横断面为圆形。

③包袱式苏画

包袱式苏画与前两种苏画的明显区别在于中心部位统一绘制包袱图案，一般包袱的外形接近半圆，也有包袱彩画用于大式建筑的额枋上。因为这个半圆形的画框，看起来好像一个包袱皮从上面往下搭，盖在梁枋构件的中部，酷似一块下垂的圆形花巾，所以称为"包袱"。

图25　软包袱式苏式彩画　　　　　　　　　　　　　　　　齐梦伯摄

（3）装饰题材

枋心式、海墁式和包袱式三种苏画的中心部位装饰图案种类繁多，题材丰富且有重合，有动物（龙纹）、植物（卷草纹、西番莲）、花卉（玉兰、牡丹、佛手等）、博古、人物等。其中，博古纹图案多用于皇宫中的书房，纹饰内容包括书籍、书画卷、毛笔、笔筒、砚台、书架等文化用品以及青铜器、瓷器、竹器、石器、金银器、玉石等器用及装饰品。

图26　枋心为荷花、牡丹　　　　　　　　　　　　　　　　齐梦伯摄

图27 博古纹枋心　　　　　　　　　　齐梦伯摄

图28 人物画枋心　　　　　　　　　　齐梦伯摄

4. 其他类型彩画

除以上常见的三大类清代官式彩画外，在紫禁城还可以见到一些其他类型的官式彩画，如宝珠吉祥草彩画、海墁彩画、花红高藻彩画。

（1）宝珠吉祥草彩画

宝珠吉祥草彩画的构图十分简练，构件两端有箍头，箍头内不再分藻头和枋心，只在中间部位绘宝珠纹，宝珠两侧为卷草纹，共同组成宝珠吉祥草图案。也可将宝珠吉祥草图案画在中间，两端各绘半个宝珠吉祥草图案。这种彩画的底色为朱红色，吉祥草为青绿色，宝珠和吉祥草都沥粉贴金，整体颜色粗犷浓烈，有明显的满蒙藏族特色。它随清军入关传入，在清早期有少量应用，后来与汉文化不断融合发生演变，到康熙时期产生了新的图案，即和玺彩画中的龙草和玺彩画。

图29 宝珠吉祥草彩画　　　　　　齐梦伯摄

（2）海墁彩画

海墁彩画与苏式彩画中的海墁式苏画不同。海墁彩画不局限于上架的檩枋梁、椽飞、斗拱、天花等部位，下架的柱框等部位也要进行绘画。所有的木构件不分段落，遍绘一种纹饰。"墁"的意思是铺满，海墁就是全部铺满的意思。海墁彩画又分为几种做法：有遍绘斑竹纹的；有以绿色为底色，遍绘牡丹或藤蔓类花卉的；还有以石青色为底色，遍绘流云或散点梅花、蝴蝶、蝙蝠的。

图30 海墁彩画　　　　　　齐梦伯摄

（3）花红高藻彩画

花红高藻彩画是清代晚期才出现的，多用在次要殿堂和园林建筑上，也叫花红高照、华红高照。这类彩画的箍头部位内设盒子，枋心画金龙或夔龙纹，也有一字枋心，藻头部位绘有宋锦、西番莲、盒子等。有的在藻头部位出现多段画题，内容非常丰富。

图 31　花红高藻彩画　　　　　　　　　　齐梦伯摄

四、结语

　　清代官式彩画的艺术表现，受到历史技艺及中国传统儒家文化的影响，达到了顶峰。直到今天，彩画仍然影响着现代建筑装饰，凝聚着独特的艺术审美。相信今后，我们可以根据时代特点与历史传统文化相结合，将古建筑彩画艺术发扬光大。

参考文献

［1］刘敦桢.中国古代建筑史［M］.北京：中国建筑工业出版社，1984.

［2］蒋广全.中国清代官式建筑彩画技术［M］.北京：中国建筑工业出版社，2005.

［3］马瑞田.中国古建彩画［M］.北京：文物出版社，1996.

［4］侯启月.古建彩画在陈设设计中的应用研究［D］.北京：北京建筑大学，2015.

［5］宋文婷.古建彩画融入空间陈设之探索［D］.北京：北京建筑大学，2016.

［6］周文晖.古建油饰彩画制作技术及地仗材料材质分析研究［D］.西安：西北大学，2009.

［7］中国科学院自然科学史研究所.中国古代建筑技术史［M］.北京：科学出版社，1985.

［8］李诫.营造法式［M］.南京：东南大学出版社，2005.

［9］王璞子，等.清工部《工程做法》注释补图［M］.故宫博物院古建管理部．

［10］梁思成.清式营造则例［M］.北京：中国建筑工业出版社，1981.

凿窗启牖，以助户明——紫禁城的窗

◎王可心

中国古代建筑给人以宏伟、华丽的印象，穿梭在其中，认真观察建筑细节，不免被富于变化的窗户所吸引。中国古代建筑包括台基、屋身和屋顶三部分，其中屋身以梁、枋、柱等大木作为主，组成建筑物的骨架，在枋柱间砌筑墙壁以及安装门窗槛框等物。由于墙壁不用承重，窗户的大小、位置与形制也不受限制。除具备采光、通风等基本功能外，中国古代建筑的窗还凭借其多样的形制成为增强美观与彰显等级的建筑构件。

追溯窗的产生与发展，不仅是在梳理中国传统建筑的发展历史，更是透过窗的变迁，探究中国传统木结构营造技艺的发展与社会风尚、审美倾向的演变。从原始社会出现用于通风和排烟的孔洞，到汉代陶屋模型上的多样窗棂，再经过历朝历代建筑营造技艺的传承与发展，清代的营造技艺可谓达到顶峰。紫禁城作为明清皇家宫殿，较为全面地保留了清代官式建筑的形制与特征，为探究清代窗户提供了丰富的实物例证。

一、窗的产生与发展

窗，本作"囱"，同"牖"。在古代，囱和牖是指代不同位置上的孔洞。《说文解字》中记载"在墙曰牖，在屋曰囱"，简单来说，开在墙壁上的孔洞称为"牖"，开在屋顶上的孔洞则为"囱"。随着时间的推移，囱和牖的区别渐渐淡化，都指代开在墙上的孔洞，也就是如今的窗。

在中国历史上，窗的原型最远可追溯至原始社会的洞口，后期随着人类智力的发展与朝代的更替，窗的位置、形制与样式风格也在不断发生变化，最终形成兼备实用与装饰功能的建筑构件。

1. 原始形态的窗

原始社会的人们不管是居住在山洞，还是搭建半地穴式房屋，都会利用与外界相通的孔洞。北京房山周口店北京人遗址显示，人类早期居住在山洞中，洞口不仅供人们出入，还可作为室内采光和通风排烟的重要通道。随着人类的智力发展，人们逐渐学会搭建房屋，大约在仰韶文化时期，开在屋顶上的孔洞作为窗的原始形态出现在半地穴式建筑上。例如，陕西武功游凤遗址出土了 5 件陶屋模型，部分模型的屋顶部位

图1 仰韶文化时期建筑的复原想象模型

开有较为粗陋的孔洞,而在一件陶屋形的陶器盖上,陶屋顶部有长方形天窗,下有圆形门。不论是早期的通道还是后来的天窗,这一阶段的孔洞外形较为粗糙,多为室内采光与排烟的通道,尚不能算作真正意义上的窗。

当人们意识到屋顶孔洞会漏雨,便将孔洞位置从房顶移到了墙壁,出现以采光为主要功能的孔洞,真正意义上的窗也随之出现。在江苏邳州大墩子遗址中,就有一件方形陶屋模型,它的屋顶没有孔洞,而在后墙上存在一孔洞,左右两侧墙面上刻有"口"字形,张清文推断"口"形刻痕象征窗或壁龛。不论是孔洞还是刻痕都证明,当时的人们已有意识地在墙壁而非屋顶上开孔成窗。夏商时期出现城市的概念,城市之中又有住宅、宫室、作坊等各种类型的房屋,人们依旧在房屋墙壁上开窗。正如《周礼·考工记》中记载"夏后氏世室……四旁两夹窗……",即每室的四个面各开有一门,每门两旁又有两窗相夹,可见墙壁开窗已形成定制。由于这一时期的考古资料有限,目前只知建筑规模,建筑的具体形象尚未知晓,故不能推断此时的窗户样式。总之,将孔洞从顶部移到墙壁上已是一次重要突破,实现了从"囱"到"牖"的质变,然而这一时期的窗仅是孔洞,未见其有窗棂。

2. 样式丰富的窗

在解决雨水灌入房屋的问题后,人们又面临窗户漏风与采光的难题。初期,人们会在冬天寒冷时,用土石或木条、兽皮等物将朝北的窗户堵住,用泥塞住柴竹门上的孔洞,以御寒风。而后考虑到室内采光问题,遮挡物又需具备一定的透光性,人们便开始尝试以纱、绢、纸、玻璃等作为采光材料安在窗口。为便于糊贴和固定采光材料,安装在窗框之中的木棂条应运而生。

文献和考古出土资料显示,西周时期出现了真正意义上的窗棂。故宫博物院收藏的刖人鬲展示了西周建筑物的窗棂。器物的鬲座为方屋形,正面开门,其余三面开有方形的窗,窗里安有十字相交的窗棂。这符合《说

图2 西周刖人鬲 故宫博物院藏

文解字》中关于墙面上"牖"的解释,即"穿壁以木为交窗也"。类似的现象还在其他文物上出现过。通过比对宝鸡青铜器博物院、旅顺博物馆等处所藏"刖人守门"主题的西周建筑模型,张清文认为这一时期的窗户是固定的,不能开启。

战国时期出现落地明窗,愈加繁密的窗棂样式更有利于固定采光材料。这一时期,既有山东临淄战国墓出土漆盘所绘宫室图形上展现的斜方格窗,也产生了更为繁密的窗棂样式,如绍兴306号墓出土伎乐铜屋上装饰有错落的方格窗棂。结合战国时期建筑特点来看,张清文认为方格窗棂很可能是受当时土坯墙的影响而产生,即错落的方格形似为保持土坯墙稳定而上下相错摆放的砖体。

汉代窗户在形制、窗棂样式及色彩装饰等方面日趋丰富。汉代存在"事死如事生"的观念,人们会使用陶土仿照现实生活中的事物制作明器,包括房屋、日用品、动物等,安放在墓葬中以祈求墓主人死后到达另一个世界,依旧可享受与生前同样的生活条件。以汉代建筑为蓝本制作的陶屋模型显示,汉代既有落地窗,也有分作上、下两部分的窗,窗户形制有直接开孔成窗,也有安设窗棂的窗,而在南方地区甚至出现可以开合的窗。这一时期的窗棂样式丰富,其中安装竖条状窗棂的窗户较为常见,而在较为讲究的窗户上可看到更为复杂的窗棂,如孙机先生在其著作《汉代物质文化资料图说》中提及的格子窗棂、以斜格贯连小圆环的琐纹窗棂、以斜格贯连菱形的绮寮窗棂等。汉代奢华的宅第窗户甚至会用青色装饰,如《汉书·元后传》中记载"曲阳侯根骄奢僭上,赤墀青琐"。颜师古注:"青琐者,刻为连环文,而青涂之也。"

图3 东汉三合式陶屋上可开合的窗
广州市文物考古研究院藏

图 4 东汉干栏式陶屋窗户细节　广州市文物考古研究院藏

图 5 东汉绿釉陶楼窗户细节　中国国家博物馆藏

现存古建筑及考古资料显示,直棂窗是唐代最为流行的窗户样式,并在后来成为历代建筑中常见窗棂样式之一。位于山西五台山县的南禅寺佛殿和佛光寺大殿是中国现存古建筑中排名第一早和第二早的建筑,两座建筑的直棂窗则为年代较早的窗棂实物。类似的直棂窗形象也出现在唐懿德太子墓壁画以及隋李静训墓石椁正面雕刻之上。整体来看,这一时期的直棂窗均由多根木条构成,木条竖向放置,排列成行,以便将纸张粘贴在密集的木条之上。

图6　佛光寺大殿模型及直棂窗细节　　　　　　　　中国国家博物馆藏

图7　懿德太子墓壁画《阙楼图》（摹本）局部　　　　中国国家博物馆藏

3. 形成定制的窗

宋代记录建筑设计与施工的官方专著《营造法式》显示，宋代的窗有四种：版棂窗、破子棂窗、睒电窗和阑槛钩窗。根据《梁思成全集》中的文字与图像介绍，版棂窗的木棂条为版条形，版条尺寸为宽二寸、厚七分，安装时宽面向外；破子棂窗的棂条是将正方形断面的木条斜角破开，形成两条横截面呈等腰三角形的棂条，安装时把棂条的尖角对外，平面向内以便贴糊纸张；睒电窗，也称闪电窗，它的木棂弯曲如波浪形，好似天空中的闪电；阑槛钩窗是一种开窗就可以坐下倚栏眺望的窗，窗框内多用木条构成四直方格眼。

历经元代和明代的传承与发展，清代官式建筑的窗户在结构、尺寸等方面已具有明确的标准，加之窗棂样式设计日趋复杂，清代的木结构营造技艺可谓达到了顶峰。

纵观明清皇家宫殿紫禁城内的窗户，它们的制作无论从结构还是工艺上看都非常和谐，在基调一致的前提下追求样式的多变，在注重实用功能的基础上又赋予其深刻含义。

二、紫禁城的窗

清雍正十二年（1734年），朝廷颁行了工部《工程做法则例》。同宋代的《营造法式》一样，清工部《工程做法则例》也是朝廷颁布的官方工程的技术专著，记述清代官式建筑的形式、结构、做法和用工、用料的估算。在清代官式建筑中，门窗属于"装修"类别。装修可根据所在位置不同划分为外檐装修和内檐装修。前者是介于室内外之间、露在建筑外面的间隔物。后者指建筑物室内分隔空间组合的装置。此外，还可按照结构分为框槛和门窗两部分。框槛指不动的部分，横为槛，包括上槛、中槛和下槛，竖为抱框，紧靠柱子立住。将框与槛组合起来，共同构成安装门窗的架子。门窗是可动的部分，安装在中槛与下槛之间为可启闭的门或窗，而安在中槛与上槛之间则为固定不动的横披窗。显然，与通常意义上的"窗"最为相符者，应当是可内外启闭的外檐窗。

1. 类型多样的窗

普通的窗子多安设在槛墙之上，紫禁城中常见类型有槛窗、支摘窗、推窗、吊搭窗等。

（1）槛窗（隔扇窗）

位于槛墙之上可内外启闭的窗。它的外形、做法和开启方式同隔扇门一样，仅将隔扇裙板做成槛墙。在紫禁城中使用较多，窗的格心变化多样。

图8 太和殿门窗结构示意图

（2）支摘窗（和合窗）

上部可以支起，下部可以摘下。同时又有内、外两层，内层上、下两窗均固定。天热时，可用钩子支起上部外窗，上部内窗依据天气变化用纱或纸糊饰，便于采光通风；下部外窗能够摘下来，其内层多安玻璃，用于改善室内采光且不会影响室内保温。在紫禁城内，支摘窗多用于内廷院落的主殿、配殿、值房等。

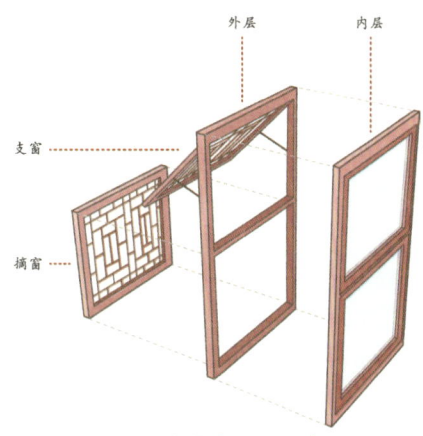

图9　内廷区域的支摘窗　　　　　图10　支摘窗分解示意图

（3）推窗

窗扇可被推开，或用木棍、铁杆等物支起，或用窗上铁环吊挂起来。在故宫内，推窗尺寸较大，多用于库房、值房、耳房或是配殿建筑。

图11　三大殿两侧廊庑的推窗

（4）吊搭窗

外形与推窗相似，亦可用铁钩支起或吊挂。二者区别在于棂条看面（窗棂面向室外的一侧）是否做成混线样式，推窗的棂条看面为混线样式，故从室内将纸糊在窗棂上；而吊搭窗的棂条看面不做，便可从室外将窗户纸糊饰在窗棂之上。吊搭窗出现在具有满族特色的建筑坤宁宫、宁寿宫上，而老照片上糊有窗户纸的坤宁宫，也是东北三大怪之一的"窗户纸糊在外"的显证。

图 12　坤宁宫的吊搭窗

图 13　老照片中外糊窗户纸的坤宁宫

2. 花样繁多的窗棂

窗棂的实用功能是提供密集支点以便裱糊纸绢，加之纸、纱质量较轻，木棂条所负担力量极少，工匠便可将木棂条组合成不同花纹式样，使窗棂成为兼具实用与美观的建筑构件。紫禁城内建筑众多，同类窗上的格心装饰亦有不同。依据梁思成先生在其著作《中国建筑艺术图集》中的分类，故宫内古建筑外檐窗的格心样式可分为菱花式与平棂式两大类，其中菱花式比平棂式等级高。

（1）菱花式

菱花样式的窗棂在宋代已经盛行，清代菱花窗的样式更为繁复，主要分为三交六椀菱花和双交四椀菱花，其中三交六椀菱花等级最高。

①三交六椀菱花

由三条棂条相交于中心一点，相交之处形成一朵六瓣菱花，花心上用贴金的菱花帽装饰。花瓣部分形似六个碗，因材质是木而改用"椀"。在三交六椀的样式基础上，变形发展出三交六椀嵌艾叶菱花、三交六椀嵌灯球菱花、三交六椀嵌橄榄菱花等样式。三交六椀样式象征正统的国家政权，内涵天地，寓意四方。紫禁城中等级较高的建筑一般都会采用三交六椀菱花窗，比如中轴线上的太和殿、乾清宫、交泰殿等，御花园里的钦安殿、万春亭、千秋亭等。

图14　万春亭的三交六椀嵌艾叶菱花

图15　慈荫楼的三交六椀嵌灯球菱花

②双交四椀菱花

两条棂条相交于中心一点，形成一朵四瓣菱花。双交四椀菱花演变出双交四椀正交式菱花和斜交式菱花。在等级方面，双交四椀菱花要比三交六椀菱花低一等，所以通常用在等级稍次的建筑上，比如三大殿区域四角的崇楼、东西六宫院落内的主殿等。

图16　三大殿两侧建筑的双交四椀正交式菱花

图17　三大殿东侧崇楼的双交四椀斜交式菱花

（2）平棂式

不同于繁复的菱花式，平棂式格心构造相对简单，但形制各异的格心同样极具美感。在紫禁城中，平棂式格心常见以下几种类别：

①间格构成

将规格相同的竖直棂条等距离排列。其中，在竖向棂条上横向穿过三条棂条的称作"一马三箭式"。这类窗棂多用在库房和值房，但也见于等级较高的正殿、配殿建筑上，如坤宁宫、宁寿宫、永寿宫等。

图18　三大殿两侧库房的一马三箭式

②网格构成

正方格式。民间称为"豆腐格"，以正交方式将棂条横纵交错，代表主人处处正直，多使用在紫禁城中不重要的宫殿上。

斜方格式。即倾斜的正方格式，有获取财富的寓意，多使用在不重要的建筑物上。

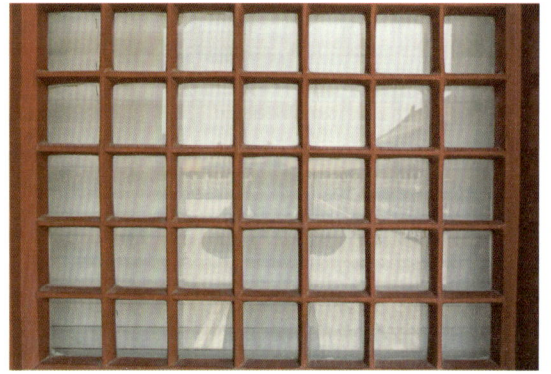 

图19　乾清宫西侧廊庑的正方格式　　图20　钦安殿西侧亭子的斜方格式

③框格构成

步步锦式。用工字、卧蚕等形状的短棂条按照规律组合而成，横向与纵向上的棂条都是从里向外越来越长，寓意事业上事事成功，官场上步步高升，也就是"步步锦绣、前程似锦"的意思。步步锦式多应用于内廷居住区的支摘窗上。

灯笼框式。格心样式形似灯笼，且棂格中间面积很大，通风采光较好，象征光明和喜庆，寓意前途光明。

图21　内廷生活区的步步锦式

图22　延晖阁的灯笼框式

④连续构成

冰裂纹式。由小木条拼成，表现大自然中冰裂的纹路，没有一定的规则，所以看上去千变万化，很是自然。有些冰裂纹的窗棂上还镶嵌梅花图案，或许蕴含着"梅花香自苦寒来"的寓意。

万（卍）字纹式。窗棂上的卍字纹四端伸出，连续反复，有时还会在其中点缀"寿"字和"福"字，或者出现与"福"同音的蝙蝠形象，意为万寿无疆，幸福吉祥。

图23　摛藻堂的冰裂纹式

图24　绛雪轩的万字纹式

3.窗户格心的安装材料

清代初期，来自朝鲜的高丽纸是紫禁城中常用的一种窗户纸。据研究，高丽纸是由楮树皮制作而成，具备透光白净、经久耐用、抗风保暖等特点。然而，高丽纸的透光程度有限，加之愈加复杂的窗棂样式导致采光面积减小。通过尚国华和芮谦的计算可知，菱花式的窗棂占去1/2以上的采光面积，而步步锦式、灯笼框式等平菱式窗棂仅占采光面积的1/3左右。如此看来，较厚的高丽纸和复杂的窗棂样式是影响室内采光的重要因素。

随着透光性强的平板玻璃传入清代宫廷，棂条之间的距离逐渐拉开，室内采光问题得以改善。在耐久性、透光率和美观等方面，平板玻璃都强于高丽纸，但因数量少、价格高等原因，初期仅小规模地应用于皇家建筑门窗上。有学者曾指出康熙年间已在畅春园使用玻璃装修。而目前根据文献可以确定，紫禁城中的玻璃窗至迟出现于雍正元年。《清宫内务府造办处档案》记载，造办处曾奉旨于养心殿的后寝宫"西次间后窗下一扇中心开一活窗……穿堂北边东西窗安玻璃二块"。为广泛使用玻璃窗，清宫也曾尝试生产平板玻璃，但因技术难、尺寸小、造价高等问题而放弃，只能长期依靠进口。直至乾隆中期，可获得的大尺寸玻璃逐渐增多，安装平板玻璃的建筑物也不再局限于皇帝看书之地，扩展至内廷诸多宫殿，如建成于乾隆三十九年（1774年）的宁寿宫区域，其内各殿外檐窗基本都安有玻璃。晚清时期，部分宫殿的外檐窗格心甚至没有棂条，而是以整块玻璃作为心屉，使室内采光得以改善。

图25 内廷生活区的玻璃窗

三、结语

在漫长的历史长河中，窗户逐步满足使用者的通风、采光等需求，同时也被赋予了寄托期望、彰显等级、传承文化等意向。作为昔日的明清皇家宫殿，紫禁城是世界上现存规模最大的木结构宫殿建筑群，其内建筑的外檐窗也是体现中国传统木结构营造技艺的重要见证物。如今，认真观赏紫禁城里的外檐窗，富于变化的窗户形式，设计精美的窗棂式样，都给人以美的感受。

参考文献

[1] 许慎.说文解字：附音序、笔画检字［M］.徐铉，校定.北京：中华书局，2013.

[2] 楼庆西.户牖之艺［M］.北京：清华大学出版社，2011.

[3] 西安半坡博物馆，武功县文化馆.陕西武功发现新石器时代遗址［J］.考古，1975（2）.

[4] 张清文.早期窗棂的演变［J］.大众考古，2020（9）.

[5] 黄希明.窗与故宫古建筑［J］.故宫博物院院刊，1991（1）.

[6] 许慎，段玉裁.说文解字注［M］.上海：上海古籍出版社，1988.

[7] 孙机.汉代物质文化资料图说［M］.北京：文物出版社，1990.

[8] 班固.汉书［M］.北京：中华书局，2007.

[9] 李诫.营造法式［M］.方木鱼，译注.重庆：重庆出版社，2018.

[10] 梁思成.梁思成全集［M］.北京：中国建筑工业出版社，2001.

[11] 梁思成.清工部《工程做法则例》图解［M］.北京：清华大学出版社，2006.

[12] 梁思成.中国建筑艺术图集［M］.天津：百花文艺出版社，2007.

[13] 何新华.浅谈清代宫廷高丽纸［J］.沈阳故宫博物院院刊：第十四辑，2014.

[14] 尚国华，芮谦.紫禁城宫殿采光和照明的发展［C］//中国紫禁城学会论文集：第二辑，1997.

[15] 茹竞华.乾隆皇帝咏玻璃［J］.紫禁城，1983（3）.

[16] 中国第一历史档案馆，香港中文大学文物馆.清宫内务府造办处档案总汇［A］.北京：人民出版社，2005.

[17] 何芳.从档案看宁寿宫门窗玻璃的安装——兼论西方传教士双重身分的终结［J］.故宫博物院院刊，2011（6）.

积跬步，品历史——紫禁城的石子路

◎ 陈曦

  紫禁城的石子路，位于内廷御花园内，是使用各色的鹅卵石子和精雕的砖及瓦条共同组合铺装的路面。御花园为宫廷御园，全园南北长 80 米，东西宽 140 米，占地面积 1.2 万平方米。虽然面积不大，但对于园林景观的设计却是精益求精，力求完美。当人们走在御花园的甬道上，低下头便会发现地面上铺设的石子图案。相较于南方私家园林，御花园的"石子画"可谓别具异趣，堪称"一绝"。

  我国有着数千年的历史文明，中国古典园林的发展历史同样源远流长。早在商周时期，就出现了园林的雏形。中国古典园林有山、水、花木、建筑、奇石、匾额楹联这六大组成部分，园林路面的铺地往往被人们忽视。其实，除却空间划分或引览的作用，园林的铺地和其他构成要素一样都具有悠久的历史及深厚的文化内涵。

图 1 御花园

一、古代园林的铺地

在古代园林中，人们游览时频繁行走使用的路面会进行铺砌装饰，使其具有装饰美感及吉祥寓意。铺地时大都会选用特定材料组合拼出丰富的图案，鹅卵石便是其中之一。据考古资料可知，早期园林如上林苑中就已用到鹅卵石。考古工作者曾在西安上林苑遗址发现一条长 31.2 米的流水景观遗址，形状为曲尺形的石渠。现状显示为卵石铺砌：渠底铺装选用的是小卵石，渠壁选用的是大卵石垒砌。而通过对唐代上阳宫园林遗址的发掘，更发现其水池南岸有两条卵石铺地的小路，路面用白色的卵石进行镶边，路的中心位置有多组圆形图案，均使用彩色的卵石砌成。在明代晚期造园大家计成编著的《园冶》一书中，专门有"铺地"一卷，并提到了由鹅卵石铺就的"鹅子地"。鹅卵石表面光滑、圆润，色彩丰富，可拼砌出多样的纹样，但因牢固性欠佳，"宜铺于不常走处"，最好"大小间砌"。除此以外，卷内涉及用石料铺设的还有"乱石地"和"冰裂地"。"乱石地"系以小碎石砌成，也"有用鹅子石间花纹砌路"，"尚且不坚易俗"。"冰裂地"多用"乱青版石，鬭冰裂纹"，即使用青色的石板，打碎磨平后铺设；石板形状不一，拼接的缝隙不规则，如同冰裂的纹样，颇有自然妙趣。而早在汉代广州南越王宫殿中的园林区域，就有使用不同形状石板拼砌出冰裂效果的案例。

当然，可用于铺地的材料绝不只有这些，砖瓦也常在其列。计氏不仅在论及"鹅子地"与"冰裂地"时，分别另有"或砖或瓦，嵌成诸锦犹可"和"破方砖磨铺犹佳"的看法，更将"诸砖地"作为第四大类，称"屋内、或磨、扁铺；庭下，宜仄砌"。虽然迄今为止，古代园林明确以砖瓦铺地的实证不多，但在不同时期的建筑遗址上已有充分体现：陕西扶风县黄堆公社曾出土西周晚期的铺地砖，砖的尺寸约 50 厘米见方；秦咸阳宫遗址的建筑室内、窖穴等位置亦发现铺地使用的砖，有些为素面，有些装饰太阳纹、小方格纹等纹样。值得注意的是，在回廊外沿散水位置，有以方砖搭配鹅卵石为装饰；汉长安城桂宫二号建筑遗址中，非但多处回廊遗址的地面铺砖，廊外采用卵石或瓦片砌成并铺设散水，还可见以板瓦片立砌而成的路面。

明清时期，经济与文化更为发达，园林景观遍布全国，就北方地区而言，尤以皇家园林最为突出，俨然登峰造极。明代的宫苑建设颇具规模，如紫禁城御花园及慈宁宫花园、西苑、万岁山等。清朝建立后，在沿用前朝皇宫及园囿的同时，又多加拓展。由于会有皇帝及家人漫步其间，皇家园林的铺地自然受到格外关注，样式种类注定不同凡响。现今御花园留存的石子路，便是皇家园林铺装艺术的完美缩影。

二、紫禁城中御花园的铺装艺术

紫禁城建成于明永乐十八年（1420 年），那时"御花园"称为"后苑"，因位处中宫皇后所居的坤宁宫之后而得名，清雍正时期改名为御花园。最早，后苑是一座非

图2 坤宁门

闭合式的园林。永乐年间，坤宁宫与宫后苑之间并无围廊，嘉靖十四年（1535年）增修时，于坤宁宫后增建围廊，正中设坤宁门，形成闭合式的园林。后苑中的建筑，以中轴线上的钦安殿为中心，东西两侧为对称的建筑布景。经历了明清两代不同皇帝的不断扩建和改建后，御花园终成为现在的园林布局，至今留存有建筑物20余座。

御花园中年代最久、最为核心的建筑是钦安殿。钦安殿是一座皇家道观建筑，殿内供奉的是玄天上帝。每逢年节和立春、立夏、立秋、立冬等重要节气，皇帝都要亲临进香行礼，殿内还设道场做法事，祈求国家太平，人民安乐。除钦安殿外，澄瑞亭、位育斋、四神祠等均是供奉神位做法事的建筑场所。由此可见，御花园不仅仅是供帝后们登高赏游的园林，还兼具宗教法事的用途。

御花园的铺装艺术以《园冶》为基准，融合了私家园林的造园思想，从用料、手法到纹样的选材均有更大的提升与发展。图案寓意并不限于象征生活美好的花鸟鱼虫等吉祥纹样，还蕴含了丰富的叙事性内容，凸显了帝王的品位、喜好和文化内涵。

图3 御花园石子路

作为皇宫中的宫苑，地面的装饰尤为重要，因是服务于皇帝，往往更加体现尊贵的皇家威严。紫禁城中主要殿宇前的中间地面铺装均选用汉白玉大理石材质，尺寸也大于两侧的方砖，因这条路为皇帝行走，所以称为"御路"。这一点，在御花园中也得以体现：园路的路面不同于私家园林使用石子或砖石满铺，而是同御路一般，只不过是将中间的大理石更换为方砖，两侧用"石子画"装饰，一方面划分了等级，另一方面增强了花园地面的观赏性。

石子路是选用精雕的砖、细磨的瓦和经过严格挑选的各色鹅卵石组合拼成的，做工十分考究。首先用筛净的黄土垫基，然后根据设计的图案用筒瓦和板瓦在灰土上勾勒出图案的基本轮廓，之后在轮廓里填入由石灰、白面、桐油拌制的油灰,再在油灰上嵌入大小适当的天然卵石,用木砖拍平,晾干定型。主要做法分为四种:全卵石、雕砖卵石嵌花、瓦条与卵石、方砖与卵石组成花纹。最后以砖瓦做画框,形成一幅幅的"石子画"图案内容,运用象征、比拟、谐音、借代等表现手法,表达涵义,明确主题。

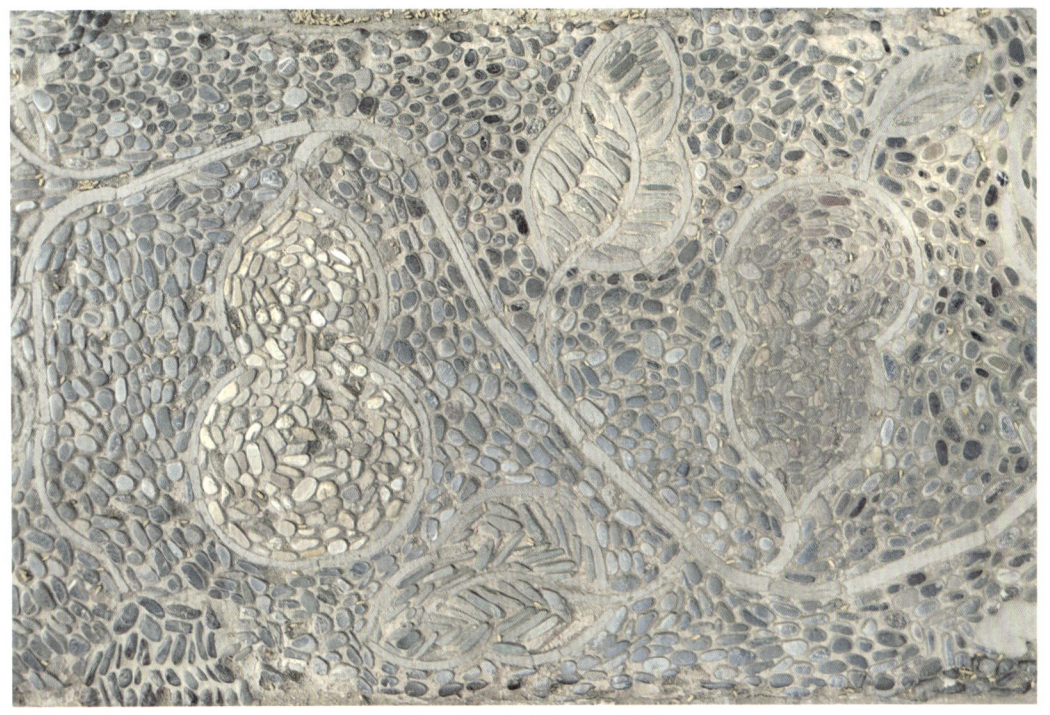

图4 "石子画"——葫芦

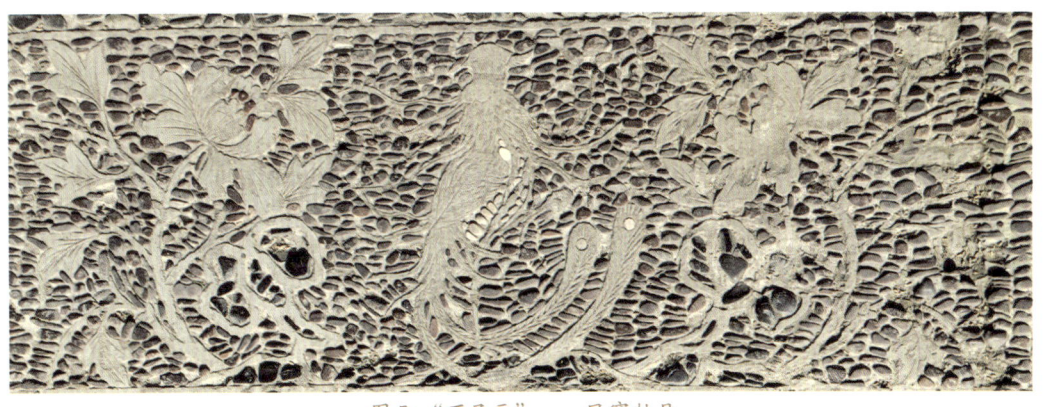

图5 "石子画"——凤穿牡丹

御花园中的"石子画"篇幅数量是皇家园林之最,多达千余幅,图案内容丰富、故事题材多样,蕴含着帝王生活的无穷趣味。根据图案题材的内容归类,可分为人物、动物、植物、器物、文字五类,不同类别的题材内容,表现着各自的传统文化内涵。例如,人物题材,通过单人或是多人与环境背景相结合,组成表达古典文学、神话传说、民俗生活等情节的文化含义；动物题材，以龙、凤、狮子、老虎、仙鹤等形象表达连年有余、益寿延年的祥瑞寓意；植物题材，以葫芦、南瓜等藤本类植物暗喻子孙的绵延，或以梅、兰、竹、菊、松柏的组合图案，表达高尚的品德；器物与文字题材，鼎、尊、爵、璧等博古图案，表现出帝王博古通今、情趣高雅的文化品位，福、禄、寿及卍字纹等文字或符号，表达帝王对美好生活的向往，也暗喻着国家兴旺，长久不衰。这些内容和元素，相互组合出的"石子画"，几乎将中国的传统图案与纹样进行了全面呈现。

"石子画"中对于人物题材的运用，只出现在皇家园林之中，江南一带的私家园林里并没有出现，这是皇家园林铺地的一大特色，丰富了中国古代园林的铺地艺术。明清时期戏曲的盛行对园林文化的发展影响颇深，铺地的人物形象也多源自戏曲角色。

明代的帝王喜好昆曲。昆曲是中国戏曲史上具有最完整表演体系的剧种，被称为"百戏之祖，百戏之师"，有"中国戏曲之母"的雅称，是明朝中叶至清代中叶影响最大的声腔剧种，很多剧种都是在其基础上发展起来的。它的特点是抒情性强、动作细腻，歌唱与舞蹈的身段结合得巧妙而和谐。明朝皇帝欣赏戏曲表演大多都是在宫殿之内，如天启、崇祯两位皇帝曾在懋勤殿、昭仁殿内设宴观戏，这两座宫殿均位于内廷乾清宫区域。清代皇室对昆曲的喜爱超过明代，宫廷演剧在明代的基础上继而发展，直至乾隆朝达到顶峰。康熙初年，在内务府设立演剧机构——南府，以承应宫廷演剧。乾隆时期，乾隆皇帝数次南巡，对于江南文化及昆曲极具兴趣，不断在宫廷及皇家园林等处设戏台看戏，如西苑漪澜堂戏台、颐和园听鹂馆戏台、承德避暑山庄清音阁戏台等。现今，紫禁城中保存完好的清代戏台就有五座，分别是长春宫戏台、畅音阁戏台、漱芳斋室外及室内戏台、倦勤斋室内戏台。

御花园石子路中，具有戏曲情节及人物题材的"石子画"共有116幅。图案中，人物造像均采用戏曲角色的扮相，以人物与场景相互融合的方式展现《三国演义》、唐诗、神话传说等经典故事情节，使"石子画"中的人物栩栩如生。

《三国演义》是中国古典四大名著之一，全名为《三国志通俗演义》，是中国第一部长篇章回体历史演义小说，为元末明初的著名小说家罗贯中所著。《三国演义》以描写东汉末年到西晋初年之间发生的重大历史战争为主线，诉说魏、蜀、吴三国之间的政治和军事斗争故事。在三国时期尔虞我诈的社会环境下，塑造出了一群叱咤风云的英雄人物，如曹操、刘备、诸葛亮、关羽、张飞等。"石子画"中就提及了众多《三国演义》中的英雄人物及其经典故事情节，以当时最为盛行的戏曲形式表现，效果更加精彩。

图 6 "石子画"——桃园三结义

如"桃园三结义":汉灵帝年间,刘备、关羽、张飞桃园结义,为《三国演义》这部著作的源起。东汉末年,宦官当权,生灵涂炭,民不聊生。灵帝中平元年,张角发动黄巾起义,为抵抗黄巾,幽州太守刘焉出榜招兵。榜文前,刘备、关羽、张飞三兄弟萍水相逢,志趣相投。次日在涿郡张飞庄后,那时桃园花开正盛,备下乌牛白马,祭告天地,焚香再拜,拜刘备为兄,关羽次之,张飞为弟,结为异姓兄弟,同心协力共图大事。

图 7 "石子画"——温酒斩华雄

"温酒斩华雄":因董卓废黜少帝立刘协为帝后,残暴不仁、权倾朝野。袁绍和曹操二人便联军讨伐董卓。华雄是董卓手下的一员大将,连续斩杀了袁绍的多员大将,不可一世。于是,关羽向曹操主动请缨去战华雄,并约定战胜了华雄后再来饮酒。关羽快马出战华雄,只一个回合就将华雄斩于马下。回来的时候,杯中的酒还是温热的。从此,关羽名震诸侯。

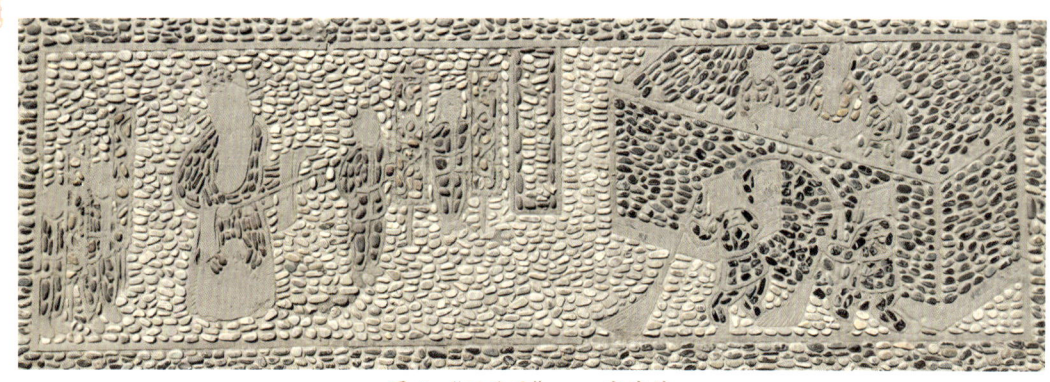

图 8 "石子画"——空城计

"空城计":故事情节为街亭失守,司马懿率领 15 万大军直逼西城。诸葛亮城中只剩 2500 名士兵无力御敌,却大开城门,并在城楼抚琴,城墙下则唤几名年老的士兵拿着扫把打扫地面,如此平静的场面让司马懿怀疑有埋伏,便退兵了。这幅"石子画"的尺寸和画中的人物数量是御花园中之最,在长 150 厘米、宽 50 厘米的铺设区域内,用砖雕刻出 10 个人物造型,并使用 3800 余个彩色小卵石进行镶嵌,构造出生动而又传神的画面。

清朝入关后,受汉文化和儒家思想的影响,康熙皇帝开始重视文化典籍,下旨命曹寅、彭定求等奉敕编纂《全唐诗》。《全唐诗》又称《钦定全唐诗》,康熙四十六年(1707 年)在扬州诗局完成刻本,这是一部收录范围较广的唐诗总集,共 900 卷。

唐诗是中华民族珍贵的文化遗产之一,为唐代诗人的智慧佳作,是中华文化宝库中的一颗明珠。唐朝一度经济繁荣,国力强盛,唐诗发展至顶峰时期,题材流派众多,出现"浪漫诗派""现实诗派""边塞诗派""田园诗派"等。如浪漫主义诗人李白、现实主义诗人杜甫,是这一时期最杰出的代表。

图 9 "石子画"——《寻隐者不遇》

石子路中就有两幅唐诗题材的"石子画"。如《寻隐者不遇》，唐代诗人贾岛之作。全诗云："松下问童子，言师采药去。只在此山中，云深不知处。"画中描绘了在松树下的一位寻访者向男童询问他师父去处的场景，可谓是诗通画意。

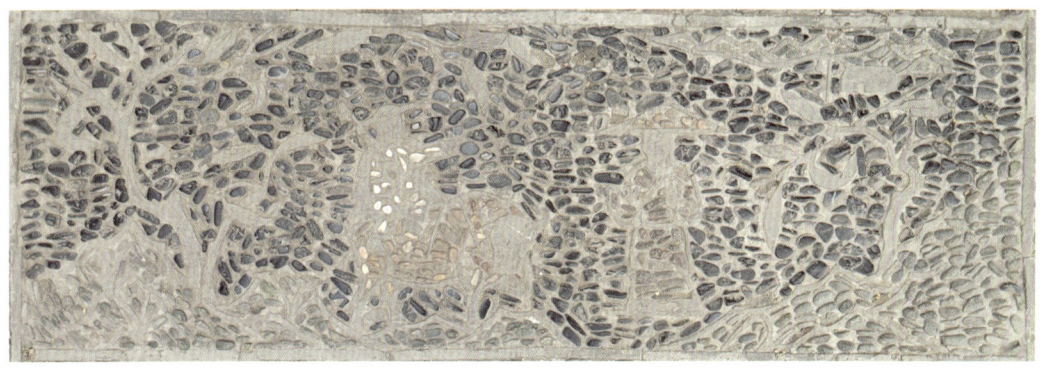

图10 "石子画"——《清明》

《清明》，晚唐诗人杜牧之作。全诗云："清明时节雨纷纷，路上行人欲断魂。借问酒家何处有，牧童遥指杏花村。"描述了一个骑着黄牛的牧童，为站在他身旁打着伞的人指路。每当细雨蒙蒙时，在紫禁城欣赏这幅被雨水浸润的"石子画"，感受以诗情入画的唯美，别有意境。

图11 "石子画"——夸父逐日

神话传说是采用神仙的形象，借用故事体裁来阐明道理的。这幅"石子画"，描绘的就是夸父逐日的故事。画面中，夸父手持木杖在一座座巍峨的高山中追赶着太阳。虽然夸父最终失败了，但他的手杖化作树林，身躯化作夸父山，这种造福后人的奉献精神以及勇于探索的精神、锲而不舍的毅力一直被后人传为佳话，激励着有志之士努力进取。

三、结语

明清时期皇家园林的造园艺术达至巅峰，紫禁城御花园的石子路身处皇宫独特的文化环境之中，铺地题材丰富多样，具有博大的传统文化内涵。石子路为造园艺术与文化思想的完美结合，表达着皇权帝制时期帝王追求幸福吉祥生活的美好愿望。

参考文献

[1] 高正. 汉唐时期建筑室内地面装饰艺术研究[D]. 苏州：苏州大学，2012.

[2] 周维权. 中国古典园林史[M]. 北京：清华大学出版社，2008.

[3] 刘庆柱，陈国英. 秦都咸阳第一号宫殿建筑遗址简报[J]. 文物，1976（11）.

[4] 中国社会科学院考古研究所，西安市文物保护考古所阿房宫考古工作队. 西安市上林苑遗址一号、二号建筑发掘简报[J]. 考古，2006（2）.

[5] 中国社会科学院考古研究所，日本奈良国立文化财研究所中日联合考古队. 汉长安城桂宫二号建筑遗址发掘简报[J]. 考古，1999（1）.

[6] 鲁海峰. 汉代造园史料浅议[D]. 苏州：苏州大学，2007.

[7] 端木山. 上阳宫唐代园林遗址的初步考析[J]. 中国园林，2013（12）.

[8] 计成. 园冶[M]. 北京：中国建筑工业出版社，2018.

[9] 张薇，等. 明代宫廷园林史[M]. 北京：故宫出版社，2015.

[10] 董雁. 明清戏曲与园林文化研究[D]. 西安：陕西师范大学，2012.

[11] 王俪颖. 故宫御花园石子路面的图案寓意与文化内涵[J]. 古建园林技术，2021（3）.

[12] 刘海波. 故宫御花园"石子画"的文化研究[D]. 保定：河北农业大学，2009.

日影计时的奥秘——紫禁城的日晷

◎ 高宏远

日晷，是古代重要的天文计时工具之一，它将早期模糊的时间概念加以具化，使人们对时间有了更精准清晰的认识。人们通过观察阳光照射物体的投影，记录其一天的移动轨迹来测定时间，日晷的设计正是源自这一现象。太阳照射晷针形成的影子在晷盘上循环往复，见证了朝代的变迁以及人类科技不断进步的过程。

紫禁城作为明清两代的皇家宫殿，是当时的权力核心，因此不论是向天下颁布历书抑或是举办重大典礼，都离不开对时间的绝对掌握。而日晷作为古代重要的计时工具，在皇宫中不仅扮演着计时工具的角色，同时是皇权的身份象征。尽管后来钟表的出现为时间读取带来更多便利，但日晷并未立刻退出历史舞台，而是受西方科技影响不断改进以继续满足人们的需求。所以在故宫博物院所藏文物中，除传统日晷外，还可以看到各式各样的新式日晷文物。

一、日晷的溯源

从古至今，人们对于时间的测量一直没有停下过脚步，这一行为可以被视为人类最早的科学探究之一，而用于测时的工具也在实践中不断演变和发展。

1. 日晷的前身

太阳每天东升西落，阳光照在物体上留下的阴影，不论是长短还是方向都会有所变化。古人通过长期观察，发现了其中的规律。在平坦的地面上，竖立一根杆子，在地上画出代表时间的刻度，根据杆子的影子投射在刻度上的位置，时间被具体表现了出来。这就是立杆测影的方法。

根据这一原理，古人发明了圭表，即我国目前最古老简单的一种天文测时仪器。距今约4300年的陶寺遗址中，发现了我国现存最早的圭表文物。关于圭表的用途，《周礼注疏》中有载："以土圭之法测土深，正日景以求地中。""土圭"一词，即圭表的雏形。古人利用土圭来测定位置，通过它的影子寻找"地中"。后文又说："匠人建国……以景为规，识日出之景与日入之景。昼参诸日中之景，夜考之极星，以正朝夕。"即通过白天的土圭投影和夜晚北极星的位置来测定方向。

凭借对圭表侧影的观察总结，古人制定了我国传统节气的"两至两分"，并在这一基础上衍生出二十四节气，成为日后指导人们从事农业活动的重要依据。此后在圭表的基础上，人们又发明了更精密科学的计时仪器——日晷。

2. 日晷的命名

"日晷"一词最早并不指计时仪器。《说文解字》载，"晷，日景也"；《周髀算经》载"周髀长八尺，夏至之日晷一尺六寸，晷影也"；《宋史》载，"后汉熹平三年四分历志，立冬中景长一丈……寻东至南极日晷最长"。综上，"日晷"最初是表示太阳的影子。明末《神道大编历宗通议》载："制百刻规板分属十二辰位，中立以表，斜准赤道以测之，日晷由此而作也。"说明迟至此时日晷的定义已发生改变，已指代计时工具。清代，这类仪器又有"日圭""日规"等称呼，如嘉庆朝《钦定大清会典》载，"是年，于崇政殿前左右增设日规嘉量"；光绪朝《钦定大清会典》载，"太和殿殿基高二丈……列宝鼎十八，铜龟铜鹤各二，日圭嘉量各一"。显然，古代关于日晷这类计时仪器的称呼并不固定。

3. 中外早期日晷

按晷盘安放角度和刻度不同，后世主要将日晷分为地平式与赤道式两种。地平式即晷盘平行放置于水平面上，晷盘中心有孔但未穿透，仅一面有时间刻度。按晷针安放角度不同又分为早期垂直式和后来出现的倾斜式。该类日晷与早期计时器圭表更相像，但相对于圭表而言，它可测时间范围更广。赤道式日晷即晷盘与地球赤道面平行。晷盘南高北低倾斜置于基座上，晷面和基座夹角为当地纬度余角。有别于地平式日晷，赤道式的晷盘两面皆有时间刻度，同时晷盘中心垂直贯穿有平行于地轴的金属晷针。有了赤道和地轴做参照物，就可将整个赤道式日晷视作一个小型地球模型。

尽管具体的出现时间尚未明确，但在全球范围内已发现了一些非常珍贵的早期日晷。它们在出土时都只保留了带有类似时间刻度的晷盘，并不见晷针，因此无法判断其具体的使用方法和类别。例如，2011年，乌克兰出土了一块具有日晷特征的石板。据考证，这件石板可能是现存最古老的日晷之一，年代约在公元前13世纪。2013年，埃及的帝王谷中也发掘出距今3300年左右的一件日晷。此外，在古埃及的文献中也有类似日晷的图文描述。

反观国内，目前现存最早、保存最完整的日晷实物为清光绪二十三年（1897年）出土于内蒙古托克托城的石制日晷。整件文物为一方形石板，中间有两个同心圆，以圆孔为中心向外刻画有呈扇形的69条刻度线，且线条之间的角度都相同。刻度线外部为汉篆的一至六十九的数码，可判断其为汉代器物[①]。

[①] 《汉书》中也有涉及日晷的记述："太岁谋日晷二十九卷……日晷书三十四卷。"但相关书籍早已失传，内容已无从考证。

关于这件日晷，大部分学者认为它属于地平式，其主要依据为：首先，其晷盘特征与地平式相同。其次，从目前出土的汉代天文仪盘如"太乙六壬式盘"等文物来看，同样都为平置，未呈倾斜姿态。在此基础上，法国著名汉学家马伯乐更进一步指出它还可起到校正漏刻的作用，我国著名考古学家陈梦家先生持相同看法。《后汉书·律历志》载，"漏所以节时分……当据仪度，下参晷景……以晷景为刻，少所违失"。可知汉代日晷与另一种计时器——漏刻搭配使用，作为校准器。漏刻采用以壶盛水，利用水均衡滴漏原理，观测壶内水面在刻箭上的位置计算时间。漏刻相较于日晷，不易受天气等因素的影响，更加实用。但由于技术限制，没有解决水压影响水流速度的问题，故需使用日晷校准漏刻。据考，《隋书》中也有日晷搭配漏刻使用的记载，"开皇十四年鄜州司马袁充上晷影漏刻，充以短影平仪，均十二辰，立表，随日影所指辰刻，以验漏水之节"。其中的"短影平仪"就是地平式日晷。后文又载："冬至：日出辰正，入申正，昼四十刻，夜六十刻。子、丑、亥各二刻，寅、戌各六刻……右十四日改箭。"即是有关两至两分时地平式日晷校正漏刻的记述。

另有学者从其晷盘时刻平均划分判断，该日晷更类似于赤道式日晷。然而，从袁充设计的短影平仪"均十二辰"来看，他的地平式日晷刻度也为平均划分，因此不能仅从刻度平均划分这一个方面判断日晷类型。

但话说回来，即便托克托城的汉代日晷真的属于地平式日晷，其测影计时也存在误差，且袁充的短影平仪亦然。因为太阳并不是围绕晷针做圆周运动，所以晷影在水平晷盘上非匀速移动，平均划分的刻度并不能随时准确对应实际时间。尽管如此，此类地平式日晷仍可在日出、日落和正午时间准确测量时间——无论如何运动，晷影在这三个时间点所到达的位置总是固定的，因此足以用于校正漏刻。

二、我国的赤道式日晷

事实上，我国传统使用的日晷并非地平式，而是赤道式。后者晷针和晷盘特殊的角度设计，保证晷影能在晷盘上匀速移动，由此平均划分的刻度能够准确反映实际时间，完美解决了早期地平式日晷的缺陷。

关于赤道式日晷的出现时间，南宋曾敏行的《独醒杂志》中有载："其在豫章为晷景图，以木为规……当规之中，植针以为表。表之两端一指北极一指南极。春分以后视北极之表，秋分以后视南极之表，所得晷景与刻漏相应。自负此图，以为得古人所未至……二分之日，南北之表皆无景，独其侧有景。以其侧应赤道，春分以后，日入赤道内；秋分以后，日出赤道外，二分日行赤道，故南北皆无景也。其制作穷赜如此。"文中记录了北宋天文学家曾南仲总结前人经验，发明了木质赤道式日晷——"晷景图"，并概括这类日晷在全年中读取刻度的方法，即春分后看北面晷盘，秋分后看南面晷盘。依据太阳全年位置的变化，北面晷盘的时间刻度按顺时针排序，南面刻度按逆时针排序。作者还提出了这类日晷的使用弊端，即春分和秋分时太阳与赤道面平行，日晷两

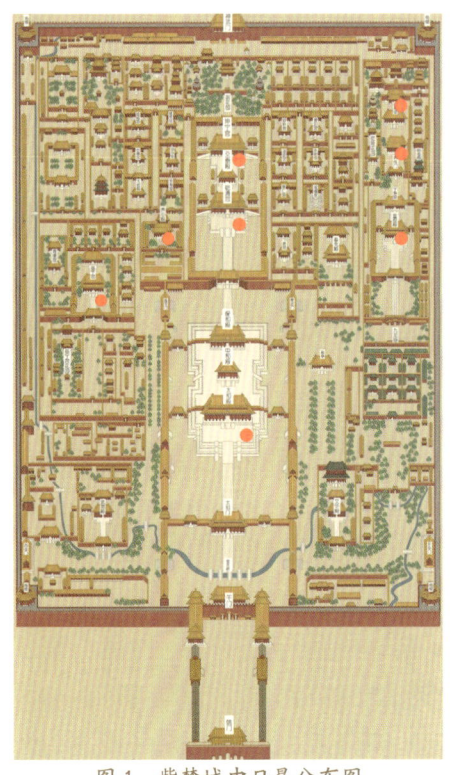

图1 紫禁城中日晷分布图

面都没有晷针投影,无法使用。这段文献,堪称迄今为止我国对于赤道式日晷较早且比较全面的记载。当然,关于我国赤道式日晷何时出现的问题,也不能仅凭文中"自负此图,以为得古人所未至"就妄下结论,只能借此推断,至少在南宋时期已经有赤道式日晷的存在。值得注意的是,清代著名天文学家、数学家梅文鼎就曾指出赤道式日晷自唐代已有,但他只提及"吾郡日晷,依赤道斜安,实为唐制,则日晷非始西洋人也",并未提供足够证据,无法确定其可靠性。若要解答"我国赤道式日晷究竟早至何时出现并应用"这一问题,恐怕还需依靠今后的考古发掘与研究。

紫禁城中常见赤道式日晷,分布于太和殿、乾清宫、坤宁宫、慈宁宫、养心殿、皇极殿、养性殿和乐寿堂共八处宫殿前。日晷皆为汉白玉质地,少量有金属装饰。由于长时间的户外陈设,晷盘风化严重,大部分晷盘上的刻度已模糊不清。养心殿和养性殿前的晷盘刻度保存相对完整,仍可读取时刻。

三、西学东渐影响下的日晷

明末清初,伴随着耶稣会士的来华传教,大量西方科技知识也被带入国内,掀起了中国科技发展的新浪潮,这一过程被后人称为"西学东渐"。自明万历年间起,不少传教士相继来到中国,大量西方科学仪器和科学著作被带到宫廷,其中许多都与历法相关。中国传统儒学观念认为一部好的历法直接关系到朝政的兴衰。西方历法相较于传统历法更为精确,所以相关的西方计时和天文仪器很快被中国统治者接受,如新式地平式日晷。

1. 新式地平式日晷

明朝末年,由于朝廷之前使用的《大统历》和《回回历》失误频发,历法急需修改。礼部侍郎徐光启借机采用西洋新法推算日食时间,结果准确无误。在崇祯皇帝的支持下,徐光启于今宣武门开设历局,推荐精通天文的传教士汤若望、罗雅谷进京修改历法,共同编撰《崇祯历书》,但未及实行,明朝灭亡。清军入关后,摄政王多尔衮采用汤若望的新历法,命名为"时宪历"。顺治元年(1644年),汤若望提出制作天文仪器,以便更加准确地测定天时历法。他认为"唯有臣制窥远镜及地平晷二器,于日食时,用远镜可以规其亏,复食分,用日晷可以考其亏复时刻"。在之后呈进的天文仪器中载,"浑天银星球一座,时盘并指时针全;镀金地平日晷一具,三角形表并罗经针全;窥远镜一具,置镜铜架并螺丝转架各一,木立架一,看日食绢纸壳二;舆地平图六幅;清器用法一册"。其中"镀金地平日晷"就是现在故宫博物院收藏的"新法地平日晷"。

汤若望的这件"新法"仪器采用的非传统赤道式,而是应用当时欧洲盛行的地平式装置原理,即晷盘平行于水平面,晷针倾斜,与晷面夹角为当地纬度,相较于早期的垂直晷盘安设,无疑是一种改良。

图2 新法地平日晷

此外之前的晷盘刻度划分问题,也通过西方几何原理顺利解决。时间刻度以不等分的弧线来表示,并采用九十六刻,代替了传统赤道式中的一百刻。这种一日九十六刻的计时方式在康熙时期的历法之争后被采用。整个晷盘为银镀金的方形盘,晷盘上除了时刻线之外,还有节气线,更容易被重视农业的中国所接受。晷盘中心的三角形装置为可倾斜的晷针,同时,为方便外出使用判定方向,在晷针下方还设有指南针。晷盘底部錾刻云龙花卉纹,中心镌刻铭文"顺治元年七月九日恭进,修政历法远臣汤若望制"。相对于传统赤道式日晷,西法变革后的日晷在形式上开始向小巧便携发展。

新法地平式日晷的出现,促进了人们理解和掌握地平式日晷的原理及制作技术,再加上所传入西方科学书籍的理论奠基,为清宫的仿制活动提供了可能性。对西洋科学有着浓烈兴趣的康熙皇帝曾命造办处打造小型日晷,如康熙四十年(1701年)"御制地平半圆日晷仪,铸铜为之,凡二重地平盘长四寸三分,阔三寸五分。中施指南针外画时刻线……后直立方盘上加半圆通径,中为中心,两旁各为半径,半径上穿孔地平中心线入之,视线影以知时刻,半圆中心施游表,表两端立耳,穿中线对太阳,验游表与通径距,度以准太阳高弧"。这件日晷整体非常小巧,晷盘长为14.2厘米,宽11.2厘米。其特殊的地方是以连接边框与晷盘中心的线作为晷针,之前作为晷针的三角形装置

图3 御制地平半圆日晷仪

由于自身体积问题,形成的投影面积过大,难免会对读取时刻造成误差,而用线做晷针正好能改善这一问题。除了测定时间外,该日晷还可通过"游表与通径距"测量太阳的高度。它在功能和设计方面完美借鉴西方日晷的科学技术及制作技巧,突破了我

国在日晷制作方面的瓶颈，进入更为科学的全新领域。

2. 新式赤道式日晷

我国传统的赤道式日晷也在这次的西学浪潮中脱胎换骨，摇身一变成为小巧便携的日晷。如乾隆朝《皇朝礼器图》录有一件提环赤道公晷仪[①]，其"铸铜为之，外环为子午圈，径七寸二分。内环为赤道，上环为天顶，赤道北九十度为北极，其对为南极。中施直表列节气宫度及距纬度。表中缝施游表，上穿孔以透日光，以上环对子午圈，度数以游表孔对节气日数。手提上环旋直表，使影入赤道内，视所临以知时刻"。整件仪器可手提，分为内外两环，分别对应赤道和子午圈。使用原理和赤道式相同，不过是根据日光透过对准纬度的游表小孔充当晷影读取时刻。通过现存清宫旧藏文物来看，同类提环式日晷也有产自英法者，由于其操作简单，更加便携，成为清宫所藏日晷中的典型代表。

图4　提环赤道公晷仪　　法国制造

除此之外，一些日晷还会在外形上别出心裁，独树一帜。如清宫旧藏铜镀金腰果形赤道公晷仪，即晷盘基座呈腰果形。该日晷基座上并排安置有指南针和可随时调节倾斜角度的晷盘。值得注意的是，晷盘上部有一段挖空的圆弧，据推测其作用应是确保晷影在任何时期都能投射在晷盘上，这也解决了以往赤道式日晷在临近春分秋分时不能读取时刻的缺陷。

图5　铜镀金腰果形赤道公晷仪

四、结语

纵观历史古今，日晷的出现和发展演变正是人类对于天文科技不断探索和发现的缩影。从早期简单的土圭到后来厚重的石制日晷，再到明末清初受西方科技影响出现

[①] 所谓公晷仪即通用于北纬任一地区的日晷仪。

的小巧便携式的金属日晷，这一切都向我们展示了古人的巧思智慧。尽管现在日晷已经退出了历史舞台，不再具有实用性，但太阳每天依然东升西落，矗立在世界各地的日晷遗迹依旧在周而复始地记录时间，见证晷影划过的历史。

参考文献

[1] 郑玄，贾公彦. 周礼注疏[M]. 彭林，整理. 上海：上海古籍出版社，2010.
[2] 许慎. 说文解字：附音序、笔画检字[M]. 徐铉，校定. 北京：中华书局，2013.
[3] 脱脱. 宋史[M]. 北京：中华书局，1985.
[4] 周述学. 神道大编历宗通议[M]//续修四库全书. 上海：上海古籍出版社，1996.
[5] 大清五朝会典[M]. 北京：线装书局，2006.
[6] 陈美东. 中国计时仪器通史：古代卷[M]. 合肥：安徽教育出版社，2011.
[7] 孙机. 托克托日晷[J]. 中国历史博物馆馆刊，1981.
[8] 班固. 汉书[M]. 北京：中华书局，2007.
[9] 范晔. 后汉书[M]. 北京：中华书局，1965.
[10] 魏徵，等. 隋书[M]. 北京：中华书局，1973.
[11] 曾敏行. 独醒杂志[M]. 朱杰人，标校. 上海：上海古籍出版社，1986.
[12] 刘宝建. 传教士与清宫仪器制造[C]//明清之际中国和西方国家的文化交流——中国中外关系史学会第六次学术讨论会论文集，1997.
[13] 徐光启，等. 西洋新法历书[M]//故宫博物院. 故宫珍本丛刊. 海口：海南出版社.
[14] 允禄，等. 皇朝礼器图式[M]. 牧东，点校. 扬州：广陵书社，2004.

时光荏苒忆华夏——紫禁城的钟表

◎ 梁爽

钟表，是人们生活中常见的物品。钟表的滴答声不仅为我们的生活提供了便利，也让我们对时间的存在和流逝有了深刻的感受。在中华民族上下五千年的历史中，钟表的出现可谓是姗姗来迟。自明朝末年，钟表才随着中西交流的脚步进入中国宫廷，从此开启了我国使用机械钟表的开端。目前，故宫博物院仍珍藏着上千件明清钟表精品，其中既有英国、法国、瑞士等国名家之作，也有清宫做钟处和广州、苏州地区自行生产的钟表。这些钟表不仅是清代宫廷中日常生活的计时工具，还是精美绝伦的工艺品，也因此受到了很多帝王的喜爱与青睐。

很早以前，中国人就对时间的存在有了感知，开始利用"一炷香的时间""一盏茶的工夫""弹指一挥间"等模糊的概念来形容不同的时间段。人们在不断的摸索中，学会了观察太阳、月亮及星星的位置，并通过日晷、月晷及日月晷等装置观测时间。随着中西文化交流的加深和钟表的传入，人们的时间观念也愈发精确与清晰。

一、西方钟表的起源与传入

钟表这项伟大的发明起源于西方，最早由欧洲人发明，它的出现是人类社会的一大进步。根据美国著名文学派史学家 Danniel J. Boorstin 在其著作 The Discoverers 中的记载，1335 年，意大利米兰教堂建造了最早的小时机械钟表。当时，机械钟表是欧洲教堂中专门为人们提醒祷告时间的，后来随着人们对钟表的认可和对时间需求的与日俱增，它才逐渐出现在人们的日常生活中。

当时的庞然大物让没有见过钟表的人们甚是好奇，对于它的内部原理更是知之甚少。其实，机械钟表之所以能够运转，主要依靠内部的两个重要结构：一部分是动力源和传动装置，另一部分则是擒纵装置。动力源和传动装置为钟表提供足够的动力进行走时，擒纵装置则是机械钟表指针能够匀速运转的关键。擒纵装置能够通过擒纵收放控制力源均匀发力，并控制钟摆、机轴和冠轮等的运动，使得钟表走时准确。

为了便于携带，1500 年至 1510 年左右，德国的钟表工匠 Peter Hele 将钟表内部结构中的重锤替换为发条，从而进一步缩小了钟表的体积。从教堂的大型钟表到可以随身携带的小型钟表，早期的钟表经历了由大到小、由笨重到精细的发展过程，也为后续钟表进入中国宫廷打下了基础。

而机械钟表进入中国的历程最早要追溯到明代。1601年，明万历年间，意大利传教士利玛窦带着两架自鸣钟敲开了中国宫廷的大门。根据意大利传教士利玛窦和比利时传教士金尼阁在《利玛窦中国札记》中的描述，利玛窦以"进贡"的形式进京，并托人上书万历皇帝，介绍贡品名录，但开始并没有引起皇帝的注意。待一阵时间过后，万历皇帝才想起了奏疏上提到的自鸣钟，便向身边人询问："那座钟在哪里？我说那座自鸣钟在哪里？就是他们在上疏里所说的外国人带给我的那个钟。"因此，利玛窦所带的40余件贡品便很快被送到了万历皇帝的跟前，其中一大一小两座自鸣钟成功激起了万历帝的兴趣。万历帝不仅亲自下令命专人学习自鸣钟的原理和使用方法，还专门将大自鸣钟安置于御花园中，以便自己随时光顾。

二、钟表进入清代宫廷的渠道

凭借富丽堂皇的外观、巧夺天工的工艺和精细的机械装置，西方机械钟表开启了在中国传播发展的道路。从此，它就从各个渠道源源不断地被输送进入中国宫廷。尤其到了清代，皇帝对钟表更是情有独钟，他们想方设法收集各种各样珍奇钟表，赏玩钟表成了皇室成员的一种时尚。外国使团和传教士知道中国皇帝喜爱钟表，纷纷投其所好，携带精美的钟表来华并呈献给皇上，以此换取在华的利益。

随着清代对外交往的扩大，不断有外国使团来到中国。钟表既能代表当时的技术水平，又能引起皇帝的兴趣与注意力，往往成为礼品的首选之物。钟表随着西方传教士和使团的一批批来华，不断地被进献到清宫，成为清宫钟表的一个重要来源。

乾隆年间来华的英国马嘎尔尼使团就是其中一个典型案例。英国斯当东撰写的《英使谒见乾隆纪实》中就有这样的记载。据英方人员表示，当时英国在挑选礼物时进行了非常慎重的考虑。"英王陛下经过慎重考虑之后，只精选一些能够代表欧洲现代科学技术进展情况及确实有价值的物品，作为呈现给中国皇帝的礼物。"

从使团的礼物单中，我们能够看到这些礼物中，就有一架天文地理音乐钟，它不仅能随时报告日期和时间，还可以观测天文，为当时的中国提供了掌握天文知识的科学渠道。

通过朝廷官员购买进贡也是钟表进入宫廷的一大途径。为了迎合皇帝的喜好，很多地方官员都将为皇帝搜集新奇西洋钟表作为头等大事来做，通过购买钟表进贡给皇上以此来讨皇帝的欢心。当时粤海关是清代朝廷最早设立的海关，监督总理对外贸易。康熙二十五年（1686年）开始在广州设立了"洋货行"，简称"洋行"，专门办理外国载货来华的事务。广州的洋行，通常又被称为十三行。当时大部分西洋钟表都是通过广州十三行进入北京的。所以，每年都有大批外国商船驶进广州港口，运来包括西洋钟表在内的新奇洋货。

清朝朱批奏折档案中记载，有官员将所得钟表进行进献。例如，康熙四十八年

（1709年）七月初十，两广总督赵弘燦奏："今臣觅得西洋小表一个、伽南香一块并附粤东土产。至于小表、伽南香，据土人言称系真者。"

诸如此类的钟表进献在历史档案中留存不少。当然除了官员自行进贡的钟表，还有很多钟表是在皇帝的授意下购买的。尤其是乾隆年间，国力昌盛，经济繁荣，清廷中对于西洋机械钟表的兴趣与需求也与日俱增。乾隆皇帝不仅多次亲自下令命官员通过贸易渠道采办钟表，还在旨意中对所需钟表的工艺、材质提出了具体的要求。

如清宫造办处档案记载，乾隆二十二年（1757年）传谕李侍尧、李永标：

"此次所进镀金洋景表亭一座甚好，嗣后似此样好者多觅几件。再有比此大而好者亦觅几件，不必惜价。"

此档案还记载，乾隆四十七年（1782年）传旨粤海关监督李质颖：

"嗣后呈进钟表，有安三四针、四五针大表不必呈进，找寻上好洋珐琅套带钟自打时刻表，得时随贡进。"

可见，负责采办的官员均费尽心思搜罗各种奇珍异表，以迎合皇帝的审美与品位。因此，在当时涌现了很多具有中国文化元素、中西结合的机械钟表。通过贸易渠道有需求地采办钟表已经成为清宫中引入钟表的一大趋势。

除此以外，中国也很快迈出了自行制造钟表的步伐，其中就包括以广州为中心的岭南区域，苏州、南京、上海等长江三角洲区域以及以清宫造办处为主的北京区域。

康熙年间，中国已经有了自己生产的钟表。来自多国的传教士不仅将钟表带入中国，也作为团队的技术骨干将钟表技术带至清朝宫廷，为西方科技的传入打开了一扇窗。康熙皇帝十分重视西洋的科学技术，亲自向外国传教士学习数学和天文学方面的知识，并下旨在内务府造办处里专门设立了"自鸣钟处"，从全国招募人才学习机械钟表运行原理，保养修理宫中钟表。随着时间的推移，"自鸣钟处"又改为"做钟处"，其职能也逐渐扩展到制造生产御用钟表。乾隆时期是做钟处制造钟表的鼎盛时期，它以承造更钟、自鸣钟、时乐钟为主。当时在做钟处工作的从业制作人员有一百多人，由精通钟表技艺的外国传教士、从民间各地征调的能工巧匠以及宫内的做钟太监组成。这支跨越阶级和国家的特殊工作团队由皇帝本人直接领导。

随着清代对外贸易往来的不断深化，一些沿海地区率先开启了钟表制造业的开端，以广州为中心的岭南区域就是其中的代表。清康熙二十三年（1684年）诏开海禁后，广州成为对西洋贸易开放的唯一口岸。广州以其优越的地理位置成为中国最早接触和制造近代机械钟表的地区之一。在欧洲舶来钟表的影响下，广州开始仿照欧洲钟表的机械装置，结合中国的传统工艺，制造出具有浓郁民族风格的钟表。所造钟表的造型大多是亭、台、楼、阁、塔、葫芦、花盆等形式；顶部及四角皆饰以花束；外壳为色彩鲜艳的铜胎珐琅，并嵌以各色料石；通体装饰得富丽堂皇。表现题材以我国传统中富含吉祥寓意、祝颂太平、庆寿祈福等寓意的元素为主，同时也有反映社会生活的内容。

机械结构以发条、链条、塔轮组成动力源，既能走时报点，又有转花、跑人、卷帘、水法、奏乐等玩意装置。18世纪后期，广州所制钟表已堪与英国钟表相媲美，反映了我国自制钟表技术的水平。

另外，以苏州为代表的苏州、南京、上海等长江三角洲区域的钟表制造业也获得了长足发展。苏州是我国资本主义萌芽最早的城市之一，也是百工云集的著名手工业城市。苏州制造的钟表与广州钟表、御制钟相媲美，甚至形成了三足鼎立的态势。18世纪中国开始兴起钟表制造业，19世纪后技术日臻完善。苏州所造钟表有摆钟、更钟、三套钟、插屏钟等形式。这些钟表不仅具计时

图1　铜镀金空中仙阁祝寿钟　故宫博物院藏

功能，还能反映日月星辰变化与四时节气更替，并装饰有趣的玩意装置。造型简洁，色调清雅，尤其钟盘体大突出，实用性强，成为苏州钟表的显著特点。在制作工艺上，钟盘面板錾花细腻精美，钟碗报时声音清脆洪亮，呈现其技术优势。苏州钟表代表江南钟表的风格，以其独特的艺术魅力与精湛的制作技术，在昔日帝后奢华的生活中占有一席之地。

三、康乾盛世的宫廷钟表

1. 康熙：躬自研究

与明代相比，清代是中国钟表发展的巅峰时期，其中更以康熙、雍正和乾隆年间为著。前面提到，康熙皇帝对于西方科学十分热忱，使得当时他对于钟表这种先进科技的产物极为重视，尤其是其内部精密的发条装置和运行原理。康熙皇帝不仅躬自研究科学知识，还亲自指导制作西方科学仪器。他所研究的科学范畴可谓十分广泛，从天文观测，到地理测绘，再到医学药理都有涉猎。而先进的西方机械钟表也在其列。因此，康熙皇帝经常会对宫中的钟表制造工作加以指示，发表自己的看法。

康熙年间的钟表制作已有雏形。此时的钟表制造水平也能够通过康熙皇帝的旨意侧面反映出来。清朝奏折档案记载，康熙时期的江西巡抚郎廷极曾向康熙皇帝进贡了

"西洋大日表一件"。对于这件来自西洋的钟表,康熙皇帝做了以下朱批:"近来大内做的比西洋钟表强远了,已后不必进。"因此,康熙年间的钟表制作水平可见一斑,同时也为清朝后来的钟表发展奠定了坚实的基础。

2. 雍正:注重实用

雍正年间为康乾盛世起到了承上启下的作用,也是清宫钟表收藏的重要发展阶段。如今故宫博物院并没有能明确为雍正年间的机械钟表,但实际上彼时宫中制作并收藏了大量的钟表。我们可以在清人绘《雍正十二美人图》中看到钟表的身影。此系列图画展现的是雍正朝后宫妃嫔的生活场景,其中不乏宫廷中精美的内檐装修和陈设物品。这其中,就有样式各异的钟表陈设在案牍之间。比如坐于方桌旁的女子,手中持有的精美珐琅表。还有轻倚桌案一边捻着念珠一边欣赏猫咪嬉戏的女子,她的对面就放置了一座珐琅表盘插屏钟。可见,雍正朝宫中钟表是必不可少的陈设品。通过此系列的画作,不难看出这时期的钟表更加注重实用性,外形却甚少关注妙趣横生的玩意装置,与乾隆时期可谓对比明显。

图2 《雍正十二美人图》之持表对菊　故宫博物院藏

3. 乾隆:登峰造极

经历了康熙和雍正两朝的发展和助力,乾隆年间迎来了清宫钟表收藏的鼎盛时期。乾隆帝继承了前朝奠定的国力基础,一时将清代发展成为国力昌盛、边疆收复、经济繁荣的理想国度,创造了万国来朝的盛世。这也为乾隆朝发展钟表制造业提供了雄厚的财力和人力支持。此时宫中涌现了大批装饰名贵、极尽奇巧的钟表珍品,数量之巨大、工艺之精细都是其他朝代无法企及的。

宫中无论新制钟表还是维修,不管哪种情况都必须呈报皇上,相关的工作都要经过批准才能进行。皇帝对钟表活计的要求非常严苛。根据历史记载,乾隆皇帝曾直接对钟表的制作进行指示,并在未合心意时多次下令返工修改。例如,于故宫博物院钟表馆展出的彩漆描金自开门群仙祝寿楼阁式钟就是典型的多次根据皇帝旨意修改的产物。清宫造办处档案记载，乾隆八年（1743年）十二月初二日，乾隆皇帝向造办处发出了一项钟表制作指令："着西洋人照做过作房钟样式，另想法急速做有玩意钟一件。"随后，次年正月二十二日，由西洋人设计画好的"八仙庆寿、海屋添筹山子楼台玩意纸样"被呈现到乾隆皇帝面前，后皇帝御览后指示"外面楼做杉木彩漆，栏杆做木头扫金"。经由乾隆皇帝指点后，造办处于五年后，即乾隆十四年的正月初六，将做的"八仙庆寿、海屋添筹时刻乐钟"呈览，乾隆皇帝又提出了更加详细的要求："将此钟里面山子树木，用交出本处收贮寿山石景、象牙人物、楼亭、树木、玩意，其表盘、屉板烧珐琅，钟楼座子交造办处彩漆，栏杆扫金、人头、手做象牙，衣纹另做鲜明。"通常一个钟表涉及的工艺范围甚广，雕刻、镶嵌、镀金等工序均需不同工种通力合作完成，因此更需工匠们一丝不苟地完成。

皇上的参与监督，中外工匠的精湛技艺和朝中官员的精心采办，保证了宫中钟表收藏的高水准。故宫藏钟表大多设计精美、造型独特，且集多种工艺于一身，显示了当时前沿的技术水平和审美价值。例如，清乾隆造办处制的紫檀重檐楼阁式嵌珐琅更钟，其上集合了木器雕刻、掐丝珐琅、画珐琅、玉石镶嵌等各

图3 黑漆彩绘楼阁群仙祝寿钟　　故宫博物院藏

图4 铜镀金写字人钟　　故宫博物院藏

种工艺。钟表钟壳利用紫檀木雕刻为亭台楼阁式古建筑，通体镶嵌掐丝珐琅片与玉片，表盘为画珐琅工艺，庄重之余更凝结了浓浓的中国文化色彩。

除了精湛的制造工艺，乾隆年间收藏的钟表更以奇巧的玩意装置著称，奏乐、走人、行船、魔术等变化多端的玩意令人目不暇接。因此，现今故宫博物院所藏清宫钟表中，就不乏此类"奇技淫巧"之物。如现正于钟表馆陈列的英国造铜镀金写字人钟，钟表下层欧洲绅士形象的写字机械人，能够用毛笔书写"八方向化，九土来王"八个汉字，可谓令人叹为观止。清宫档案中，做钟处在皇帝的指示下，在钟表上专门添加或修改活动玩意装置的记载可谓比比皆是。可见，乾隆皇帝对于造办处制造的钟表不仅看重实用性，更在乎样款形式俱好的钟表。如清宫造办处档案记载，乾隆六年（1741年）九月，做钟处奉旨将一件库贮紫檀木架钟改成八仙庆寿钟，具体要求是八仙要转的，且要有松树衬托仙人，花树仿照此前做的鳌山灯上的样式。

四、结语

明末清初以来，西方传教士的来华为中国掀起了中西方文化融合的风潮，明清宫廷对于西方机械钟表的喜爱也反映出对于先进科学水平的推崇，对明清时代的科学发展及演变产生了深远的影响。在明清时代的国人看来，钟表精确的走时无疑是神奇的。而钟表上转花、鸟鸣、音乐、水流等复杂且巧夺天工的玩意装置更是激发了明清皇帝的探索之心。其实，钟表要准确计时，发出悦耳的滴答声，全靠钟表内部复杂精密的机械装置。可以说，钟表的机械装置既反映了西方工业技术的发展，也融入并向世人展示了独特的东方智慧。

参考文献

[1] 郭福祥.时间的历史映像[M].北京：故宫出版社，2013.

[2] J. Boorstin D. The Discoverers[M]. New York：Random House，1983.

[3] 利玛窦，金尼阁.利玛窦中国札记[M].何高济，等译.北京：中华书局，1983.

[4] 斯当东.英使谒见乾隆纪实[M].叶笃义，译.北京：商务印书馆，1963.

[5] 中国第一历史档案馆，香港中文大学文物馆.清宫内务府造办处档案总汇[A].北京：人民出版社，2005.

[6] 中国第一历史档案馆.康熙朝汉文朱批奏折汇编[A].北京：档案出版社，1984.

贮水太平护宫城——紫禁城的大水缸

◎李颖翀

紫禁城恢宏的丹墀锦桁、花团锦簇的御苑亭台湖石之间，点缀着一种圆融敦厚、极为实用的陈设——大水缸。你只要踏足过故宫，就一定曾经从它们身边走过。水缸身量不大，有的无甚装饰，朴实低调；有的金彩满身，铺首衔环。它们往往陈设在墙角或大门、丹墀一隅，貌不惊人，但却是明清紫禁城防火系统的重要组成部分，数百年间护卫着故宫里的宫殿建筑。

这些缸，过去有着雅致美好的名字，"门海""太平缸""吉祥缸"都是对它们的美称。门海，即门前大海之意。由于太平缸用于防火，缸内常年储水百升或千升，加之其所在区域是宫殿或大门前，就如门前有海，故称"门海"。古时人们认为门前有海，就不惧火患，生活就能太平、吉祥，所以大缸也称"太平缸""吉祥缸"。

一、水缸用于消防由来已久

翻阅消防史，将水缸用于防火至少可上溯至战国时期。水缸储水防火曾被广泛地运用到城池的军事守备中，起到克制敌方火攻的作用。《墨子》"城上之备"载，守卫一方应"用瓦木罂，容十升以上者，五十步而十，盛水且用之。五十二者十步而二"。此外，还有"五步一罂，盛水"等记载，说明防御时当以缸储水以备城池失火。宋《开禧德安守城录》中也有"吾方纵火，遂为其贮水所救""贼计每于楼下贮水灭火，当以火牛先之使彼泄水"的记载，当时定是用容器如水缸等贮水，并用于灭火。明代《筹海图编》"严城守"部分中也强调"城门多备水缸、水桶，一以济渴，次备火攻"。

水缸储水还应用于城市的日常消防。唐《骆丞集》记载东汉时蜀郡居民稠密，火灾频频发生，所以当地太守往往要求居民"禁夜作"，直到太守廉范到此，他通过要求居民以水缸贮水防火来解决问题。宋《庆元条法事类》中强调彼时仓库需水火均防；《东京梦华录》中罗列了灭火器具"谓如大小桶、洒帚、麻搭、斧锯、梯子、火叉、大索、铁锚儿之类"。可知必有容器储水才可随取工具灭火。《元史·刑法志》中进一步规定火灾的防备、救火要求，以及救火不力导致的各种程度损失对应的处罚。其中，城市内以水缸储水防火被明确："诸城郭人民，邻甲相保，门置水瓮，积水常盈，家设火具，每物须备。"可见东汉以来，以缸瓦大器贮水消防作为重要的防火手段得到广泛运用，在城市管理中不仅取得成果，更被后世载入官方法典。

宫殿建筑的运营管理素来极重防火，关于宫殿建筑使用水缸消防的记载早至西晋已经出现。据《太平御览》记载，陆机《洛阳记》中有"宫墙外以大铁镬盛水以救火。镬受百斛，百步一置"。杨龙骧《洛阳记》又云，"铁镬合一百八十枚也"。可知西晋时洛阳宫城已使用铁缸盛水，于城墙下每百步放置铁缸一个，以此救火。

明代紫禁城用缸在史料中也留下了诸多记载。当时水缸由"惜薪司"负责，每逢三月，宫中疏通天沟水管的同时，"铜缸俱刷换以新汲水也"。水缸的使用管理已成体系。冬日为保证随时可取用水源，还规定"凡遇冬寒，宫中各铜缸、木桶，该内官监添水、奏安。铁篸其中每日添炭，以防冰冻"。水缸添的"炭"需为"易州一带山中硬木烧成"，这种炭被运至红箩厂，按尺寸锯截裥，小员荆筐用红土刷筐而盛之，故名红箩炭。它"气暖而耐久，灰白而不爆"，能为缸体内的水提供持久的温暖。《明史》记载了天启四年的一次地震，当时"京师地震，宫殿动摇有声，铜缸之水腾波震荡"，地震发生时值隆冬二月，但缸内水不仅未结冰，反而"腾波震荡"，可见确实运用了一定的防冻手段。

二、清宫水缸的锻造与管理

清沿明制，在宫中亦添置了许多口缸，人们将缸内注满水，这样发生火灾时可以就近取水灭火。为保证这一目标的实现，清廷对缸的锻造、管理都有对应的部门负责，要求非常严格。

大水缸锻造非常人之功，根据乾隆朝《大清会典》记载，从清初顺治朝起，铜缸等项均"给发工料令匠铸造。各衙门工所需用红铜、生熟黄铜、生熟钢铁咨取到部，转行户部给发"。"各处需用锅、杓、火盆……"统一采办和安排。即其材料、工具等均由国家提供。

那么一个铜缸到底需要多少材料？花费几何呢？以鎏金铜缸的铸造为例，据乾隆年间《奏销档》记载，口径1.66米的鎏金铜缸约重1696公斤。铸造流程是先造缸体，然后在器物表面涂上金和水银的合金，进行烘烤，使水银蒸发，将黄金滞留。仅铸铜就约合白银500多两，再加上铜缸上的100两黄金，铸造费不少于白银1500两，相当于乾隆年间10位正从二品文官一年的正俸银[①]。除材料开销外，还有工料银。以乾隆年间的"烧古"铜缸为例，仅制造8口口径约1.6米、高1.24米，以及20口口径约1.28米、高1.02米的烧古铜缸，工料银就需要9170多两。这仅是缸的主材工料银，此外另需包括铁丝近千斤、渣煤近23万斤、黑炭近2.3万斤等其他材料，它们也都有对应的工料银。以此为基础，考虑整个紫禁城中缸的数量，不难想见清代宫廷之巨大投入。

[①] 清代官员的俸禄体系复杂，包括正俸银、俸米、薪银、蔬菜竹炭银等，后来还有养廉银、双俸制等。正俸银、俸米经顺治时议定，后成定制，调整不多。

若仔细观察故宫目前现存的清代铜缸，你会发现光滑平整的缸体上不规律地布满了大小不一的矩形补丁，有些缸甚至补丁密集。为何清宫投入巨大生产的太平缸上还有补丁？

图1 故宫奉先门外的"烧古"铜缸

图2 "烧古"铜缸上的补丁

古代铸造大型金属器物时，受限于铸造技术，器物的表面上容易出现小小的坑洼，也就是砂眼。补丁其实是对砂眼的一种修补措施，对应了铜缸铸造环节中的"錾补"：在砂眼处錾出方形的小坑，用大小合适的铜块錾补。錾补完成后再打磨和细锉，补块即能与缸面的弧度一致，进而与大缸融为一体。也就是说，当年皇帝看到的铜缸并不是如今斑斑驳驳的样子。可由于彼时无法保证錾补用的铜块与铸缸的铜料成分完全一致，加之风吹日晒雨淋，时间长了铜缸便逐渐出现色差，才成了如今的模样。

清代对紫禁城中大缸的管理，由内务府统一操办，统司于宫殿监。嘉庆朝《大清会典》载："每年十一月初一日起，至次年正月三十日止，每缸三口，派苏拉一名，专司烧炭熏温，毋使冻。其二月初一日起，至十月三十日止，每月二次添水，亦派令苏拉管理。"《国朝宫史》又载："每岁小雪节安设缸盖，盖中设铁屉贮火融冰，至开年惊蛰节撤去其缸盖铁屉。"可见缸的管理维护分季节。每年春暖至秋寒，一个月添水两次，责任到人；冬季天冷时则有专人进行熏缸。统管水缸的宫殿监负责根据气候冷暖情况提前通知熟火处，营造司首领太监于小雪至次年惊蛰时节安设缸盖铁屉，熟火处首领太监负责用火融冰。所谓"熏缸"是冬季为铜缸保暖的一种方法，根据康熙朝《大清会典》记载，当时宫中铜、铁缸都有木盖铁屉，熏缸就是在铁屉里烧炭贮火保暖。此外，冬季大缸外还会套上棉外套，缸底石座内也放置烧红的木炭，以保证缸内水体液态，可随时取用。

供水缸保暖的炭是宫内的一笔大开支。宫中冬日用炭按份例定量供应，据《钦定宫中现行则例》记载："大缸每日给黑炭四斤，小缸三斤，昼夜不停以免上冻。"清初记载公主每月供炭标准为30斤；乾嘉年间，每口缸每月的用炭量达到90至120斤。虽然两个数字的记载并非同一时代，但足见内府对缸之重视。若有木炭挪移他用，使太平缸水结冰的现象出现，便会问责降罪。

当缸出现问题需修理时，也有专门的部门负责。清代中晚期有明文规定，由太常

寺官员负责例行巡查报告，再以工部负责后续修理工作。

三、清宫防火与水缸的利用

据近年不完全统计，明清两朝紫禁城曾历经大小65次火灾。清军入关后，不但沿用明宫安设水缸的做法，还在顺治初年就定八旗"火班"八处，安排人员轮值，并为紫禁城的一些重点区域配备数十台消防激桶，以便随时取水灭火。

火班是清宫利用水缸、激桶灭火的主力。皇帝对火班非常重视，管理亦很严格。火班设章程，规定轮值要求，同时明确火灾发生时的出入通道等细节问题。每处火班内有参领等官员，并配马匹。据雍正朝《大清会典》，街道值宿旷班者罚俸两个月，汛地看守旷班罚俸一个月，其他类型旷班也有挨鞭子的，但凡火班"非平常街道堆子可比"，官员旷班罚俸一年。乾隆朝《大清会典》则记述"增防范火班……紫禁城内除太和殿、中和殿、体仁阁、弘义阁、景运门、隆宗门、后左门、后右门、中左门、中右门，紫禁城四门等十四处护军不调外将，左翼门等二十三处护军，每处调二名，共四十六名，或直日护军统领或司钥长率领前往"。即一旦火情出现，除保障前朝太和殿等重要宫殿、紫禁城门等要处，其他区域的护军均可外调防火班，充足灭火力量。

火班官兵使用的激桶有两类。一类叫岔子激桶，其早至宋代已出现并推广使用。最初用竹制套筒，后改用铜制的可伸缩套筒，利用人力压缩喷水。另一类为西洋激桶，自清雍正年间从西方进口，是利用杠杆原理传导力量，压动活塞，使水通过吸水皮筒，喷水救火。两类激桶各有利弊，岔子激桶虽灵活，但吸水量小，射程有限；西洋激桶笨重复杂，但有喷水射程远、速度快、灭火性强等优点。及至清代晚期，光绪皇帝还曾有谕："军机大臣等电寄裕禄需备洋激桶十架，其吸水皮筒务须加长，着裕禄迅速购齐。"即要求加长西洋激桶的吸水皮筒，以此可增加其射程。

为保证激桶在火灾时一展身手，宫中以内府负责管理，派专人进行日常维护。据《国朝宫史》、光绪朝《大清会典》记载，乾隆年间日常激桶存放的地方至少有乾清宫、慈宁宫和宁寿宫，光绪时东、西华门亦存，其中乾清宫存放激桶数量最多，至光绪时一般额定70架。激桶不使用时表面盖有布单保护，每月二十五日负责统管大水缸的宫殿监会巡查激桶，并及时报备对应部门，定期维护、维修、更换相关设备和用品。

仅有设备和人员是不够的，为了紫禁城的防火，清代皇帝还会要求火班人员或管理太监进行演习，帮助大家熟悉操作方法和灭火流程。如此，紫禁城拥有了水源——一年四季贮满水的大缸，汲水工具——随时可以派上用场的激桶，防火队——火班及随时可调配的后备力量。大家在演习中知晓了灭火用具的使用方法，水缸中的水源能通过激桶喷射至较高的建筑上，紫禁城的古建消防便更多了几分把握。

四、故宫的水缸类型

故宫现存的水缸大部分为清代遗物。清代多用铜缸，包括鎏金和"烧古"两类。

乾隆年间铸造的鎏金铜缸，缸体两侧有精致的铺首连接圆环，不但造型美观、实用，而且质量上乘。"烧古"铜缸极为典雅、古朴，是古代金属大缸中的上乘之作。缸身外表像涂了一层黑漆，乌黑晶亮，反光处也泛青色。故宫景运门前、隆宗门前及宁寿宫区域的大铜缸，都属于"烧古"铜缸。

时至今日，我们也仍能在故宫见到一些明代大缸。其多为铁质，素面无装饰，两侧常有铁环。大铁缸的制作，比起铜缸来要粗糙些。铁缸外壁范缝明显，应当没有打磨过，是采用传统泥型法铸造的，即水缸外表面的铸型是由若干泥制外范块组合而成。其中少数带有铭文，像太和门前的铁缸，口沿下方就有"大明弘治四年御用监吉日造"字样，即铸造于1491年，是目前故宫所见年代最早的太平缸。

尽管铁缸多是明代遗物，铜缸多为清代产品，但仅凭质地判断太平缸的时代并不牢靠，因为明代也有铜缸留存。乾清宫区域就陈设着"大明万历年造"字样的鎏金铜缸，它们的四面各有一个圆环，并以铁链相连。要更准确地判断太平缸的时代，至少需在材质的基础上综合考虑缸的外形。整体而言，明代太平缸往往缸身口大下收，而清代的缸则是腹大口收，不仅储水量增加，而且更加华丽。

这些明清铜、铁缸分布在故宫的各个区域，且不同类型的缸集中分布的区域也有一定差异。如鎏金铜缸主要分布在中轴线建筑区域，相对较小的铜缸或铁缸分列于东西六宫，而一大批精美的

图3　太和门前的铁缸

图4　太和门前铁缸上的铭文

图5　乾清宫鎏金铜缸

图6　乾清宫鎏金铜缸上的铭文

图7 太和殿旁的鎏金铜缸

"烧古"铜缸则集中分布在宁寿宫中。值得一提的是，缸的分布情况或能溯源于一段具体历史。如据内务府造办处档案载乾隆三十七年（1772年）"宁寿宫安设铜缸二十八口，请领倭元三万斤对化毁铜，以备铸造铜缸"，表明当年一口气曾为宁寿宫制造并安设"烧古"铜缸28口。即便现今这片区域保存的铜缸数量多于28口，但表面确有"大清乾隆年制"字样，不排除其中有此次所铸者。

五、故宫的水缸数量

关于紫禁城中缸的总数，据嘉庆朝《大清会典》记载："紫禁城各处安设镀金海，共十八口，大铜海二十二口，大铁海四口，中铜海一百五十二口，小铜海八口，小铁海一百四口，共计三百有八口。"说明当时紫禁城内共设缸308口，其中镀金大缸18口。光绪朝《大清会典》中也有类似说法。这是否就是故宫目前现存的缸的数量呢？统计故宫博物院文物查询系统的数据可知，目前故宫共收藏明清时期铜、铁缸222口，其中鎏金大缸为24口。现存24口鎏金大缸中，铭文为"大明万历年造"者有4件，清代鎏金缸有20件。也就是说，故宫现存缸总数、鎏金缸总数均与文献记载的清代规制有差异，原因仍待深究。

光绪朝《大清会典》记载了庆郡王绵慜上缴和珅旧宅太平缸的事件，时绵慜上缴太平缸54件，由紫禁城太平缸管理机构内务府收入并安置。另有记述将"庆郡王绵慜呈出太平缸、铜路镫，安设……上驷院门外、皇极门、文华门外，各二口，文华门内四口……"统计安设情况可知当时已将绵慜上缴的54件太平缸安置了52口。然而，以上安置的太平缸并未均留存至今。如故宫文华殿区域，除文华门两侧外，别处并未陈设太平缸，即与光绪朝《大清会典》中所载情况不符。这一现象提示，清末光绪后紫禁城中的大水缸可能还历经变迁。

历史资料显示，民国三十二年至三十四年（1943年至1945年），日军曾从故宫、太庙等处收缴废铜、铜缸、铜炮等用于制造武器。1944年8月，伪政权机构华北政务委员会成立了专门机构——北京市金品献纳委员会，向各家各户、所有单位强制征收铜铁制品，仅北京一市就要完成铜铁征集任务40万公斤。这样的大背景下，尽管故宫博物院多次抵制，最终为保文物古建的整体安全，还是不得不分次交出铜铁制品，包括散落于各院落无号又残破的铜缸、铜炮等1095斤，不能断明年代的铜缸54口以及2尊铜炮，铜灯亭91个、铜炮1尊。

根据当时的一份"铜缸被征卷"可见那一时期已有"破损铜缸十二件""呈报铜缸六十六件、铜炮三尊已由日方运迄"等记载，神武门前等待运输铜缸的大车、起运铜缸的场景也被影像资料记录下来。即便后来日本投降，尚未转运至日本的文物从天津口岸追回 4460 公斤，但有些文物已经损毁，且铜铁制品较劫走时少了 971 公斤。根据故宫博物院清理战时文物损失委员会平津区助理代表王世襄等人的记述，"此前被劫走的 54 个铜缸也不见踪影"。因此战争时期，铜缸数量曾经历一次很大的变动。

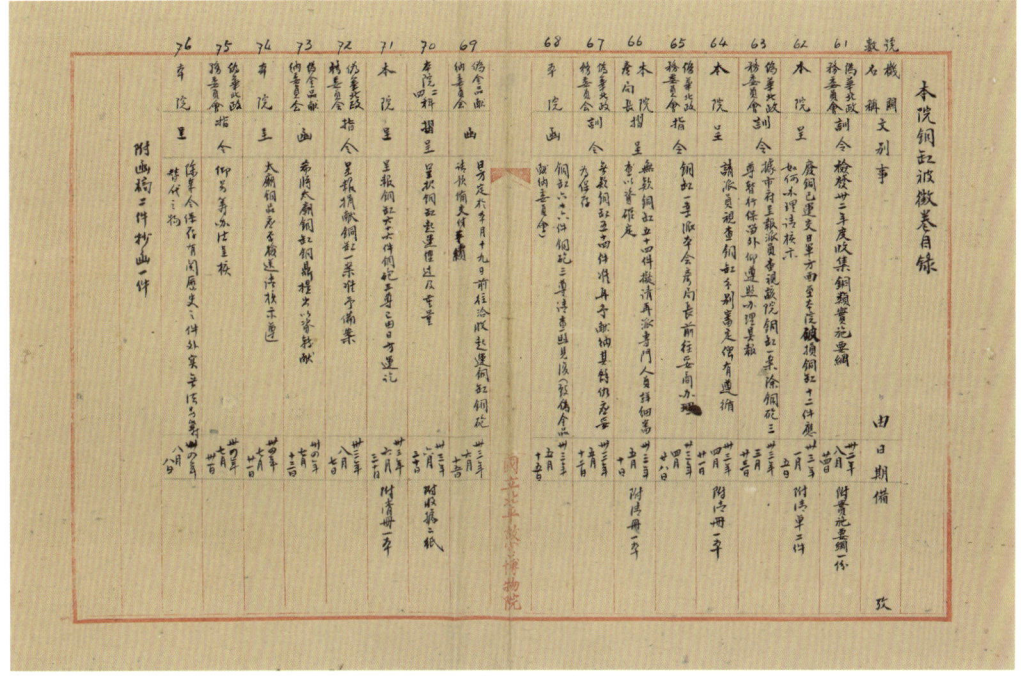

图 8　国立北平故宫博物院档案页"铜缸被征卷"

图 9　神武门前待运铜缸大车

图 10　神武门铜缸起运情形

除却在历史浮沉中损耗，太平缸也注定因岁月洗礼而发生位移。20 世纪 30 年代营造学社绘制的故宫测绘图显示，乾清门前陈设有鎏金铜缸；20 世纪 40 年代的老照片则显示，乾清门影壁东西两侧的红墙前还安放了铁缸。然而，当今故宫乾清门及两侧红墙前均陈设鎏金铜缸。比对可知，民国时乾清门前的鎏金铜缸极有可能为清宫陈设，而两侧红墙前的鎏金铜缸则肯定为后期挪至。据故宫老一辈研究人员所述，此处 8 个鎏金铜缸应为 20 世纪新中国成立后从太庙移入。后期挪动铜铁缸的情况不止于此，慈宁宫的一张老照片则显示，如今慈宁宫前的铜缸应也经挪动。因此，故宫中目前太平缸的陈设情况并非当年的清代原状。

图11　20世纪30年代测绘图

图12　20世纪40年代老照片

1946年Dmitry Kessel拍摄的故宫

图13　故宫乾清门及其西侧红墙

图14　故宫乾清门及其东侧红墙

图15　故宫慈宁宫老照片

图16　故宫慈宁宫现状

六、结语

紫禁城中以水缸蓄水防火的做法一直延续至清末。虽然如今太平缸的数量、分布已非清宫陈设原貌，但太平缸作为中国消防史上浓墨重彩的一笔，在紫禁城扮演着重要的角色。清代宫廷对太平缸的铸造、维护、管理和使用也非常值得我们去认真研究。

新中国成立至今，古建消防仍然是故宫博物院的核心任务之一，更是"平安故宫"

工程的重要组成部分。故宫博物院不仅从 20 世纪 50 年代启动了为古建安装避雷针的工程，从源头上减少火灾隐患，还在各个建筑附近安放了各式各样的消防设施，设置消防提示语。20 世纪 70 年代故宫组建了消防队，定期进行消防演练，近年来更注重采用科技设备检测监控古建状态，排查安全隐患。这些措施保障了故宫古代建筑及珍贵文物的长期保存。一代代故宫人将尽全力用他们的责任心、使命感，以及现代化的消防手段继续守护故宫，守护中华民族的优秀文化遗产。这些敦厚古朴的太平缸，则摇身化作文物，与紫禁城的丹墀锦柃一起继续见证历史的沧桑。

参考文献

[1] 墨子［M］.毕沅，校注.吴旭民，校点.上海：上海古籍出版社，2014.

[2] 王致远.开禧德安守城录［M］//中华野史：宋朝卷.济南：泰山出版社，2000.

[3] 郑若曾.筹海图编［M］.李致忠，校.北京：中华书局，2007.

[4] 谢深甫.庆元条法事类［M］//续修四库全书.上海：上海古籍出版社，2002.

[5] 孟元老.东京梦华录注［M］.邓之诚，注.北京：中华书局，1982.

[6] 李昉，等.太平御览［M］.北京：中华书局，2011.

[7] 刘若愚.明宫史［M］.北京：北京古籍出版社，1980.

[8] 张廷玉，等.明史［M］.北京：中华书局，1974.

[9] 允祹，等.钦定大清会典则例［M］.北京：商务印书馆，2013.

[10] 黄惠贤，陈锋.中国俸禄制度史［M］.武汉：武汉大学出版社，1996.

[11] 乾隆年间总管内务府奏折.奏为成造宁寿宫安设铜缸事［A］.北京：中国第一历史档案馆，05-0460-080.

[12] 大清五朝会典［M］.北京：线装书局，2006.

[13] 鄂尔泰，张廷玉.国朝宫史［M］.北京：北京古籍出版社，2001.

[14] 赵亚男.明清紫禁城火灾原因统计与分析［J］.今日消防，2021（4）.

[15] 清实录［M］.北京：中华书局，2008.

[16] 中国第一历史档案馆，香港中文大学文物馆.清宫内务府造办处档案总汇［A］.北京：人民出版社，2005.

[17] 故宫博物院院史档案.本院对于平市历次收集铜铁应付情形始末记［A］.jfqggwwbg100827.

[18] 黄金.沦陷前后张庭济与"奉命维持"的北平故宫博物院事业［J］.故宫博物院院刊，2014（5）.

[19] 孙岩.人非物是——八年沦陷的故宫博物院［J］.紫禁城，2005（5）.

诗情画意，野致自然——紫禁城的山石

◎ 杨冪

紫禁城始建于明永乐四年（1406年），历经十余年的时间，于明永乐十八年（1420年）建成。作为明清两代24位皇帝居住生活的皇宫，宫中各处或多或少都分布有山石。皇家宫苑观赏山石造景的传统，早在西汉时长安建章宫太液池三神山中已经出现，但其中蕴含的主导思想还是以当世流行的道教神学为主。宋徽宗时期，在著名古典艺术园林"艮岳"的建造中，使用了大量"花石纲"运来的奇花异石，山石艺术的主导思想开始转换为对自然景观的欣赏。金元时期，叠建于琼华岛万岁山的山石，是北京地区宫苑中出现较早的山石艺术。

明清是中国园林艺术发展的高峰期，在这些洞壑盘旋、嵌空奇绝、怪石林立和水池萦绕的山石之间，蕴含了皇帝寄情山水、追求悠闲雅逸的意趣。加上皇帝能亲自去欣赏祖国大好河山的机会不多，他们便在自己的居所、宫苑营造山石，形成一处处"微缩景观"，供欣赏把玩。紫禁城内的很多假山和叠石盆景正是由此生成。

一、紫禁城中山石的历史变迁

目前已知紫禁城中最早的山石置景建造于明景泰六年（1455年），代宗朱祁钰下令建御花房，其中有"叠石为山"的相关记载。紫禁城中现存最有名的明代山石景观是明万历十一年（1583年）在御花园观花殿旧址上修建的堆秀山，山上建御景亭以供皇帝、皇后在重阳佳节登高观景。之后在御花园内又增加其他奇石景观。明代紫禁城内修建山石的材料大多继承前代。

清初御花园中的叠石皆明代旧物，并未发生更改。紫禁城中的山石在康乾时期有多处添加，如慈宁宫内慈宁宫花园南部，自康熙年间增设山石置景，这些山石材料可能来自清初睿亲王府。乾隆七年（1742年）开始着手修建的建福宫内湖石堆叠，独立成景。乾隆十六年（1751年）开始改建慈宁宫北部的寿安宫，增设叠石为山。御花园绛雪轩前的木变石，是乾隆三十一年（1766年）黑龙江将军福僧阿所进，后乾隆皇帝下令，将其存放于御花园绛雪轩前，成为众多叠石盆景之一。乾隆三十六年（1771年）开始整修宁寿宫区域，拆除琼华岛南太湖石，用于宁寿宫区域山石修建。乾隆三十九年（1774年）开始修建位于文华殿后的文渊阁，在四周搭建山石景观。乾隆四十一年

（1776年），乾隆皇帝将其于北京西山所得奇石，命名"文峰"，置于宁寿宫景祺阁前。除此之外，还有"云窦"石洞及"翠鬟"山亭等观赏石景观均为乾隆时期叠置。嘉庆年间，位于宁寿宫南部的南三所区域，也有叠石景观。总之，不仅在御花园一处，清代还在紫禁城的其他六个区域也增设有山石。

二、紫禁城中山石的分布位置

紫禁城中的山石景观自明景泰年间起，在御花园、宁寿宫、建福宫、慈宁宫、文渊阁、寿安宫和南三所共七个区域搭建，以是否有台座为基准，可分为假山和叠石盆景两类。

御花园作为帝王后妃休息、游赏兼祭祀、颐养、藏书、读书等用途的场所，山石景观数量和体积位居榜首。其中假山分布于御花园北部（堆秀山）、千秋亭西北角、养性斋和四神祠周围。叠石盆景以中轴线为基准，散布于四亭附近。宁寿宫区域的叠石盆景大多分布于养性门之后和宁寿宫花园内。假山分布于宁寿宫花园内，但有一处十分特殊的假山，位于养性殿西耳殿，称为"香雪"，是一处由白色宣石堆叠而成的假山。建福宫区域内的假山主要依附于建福宫花园的建筑四周。

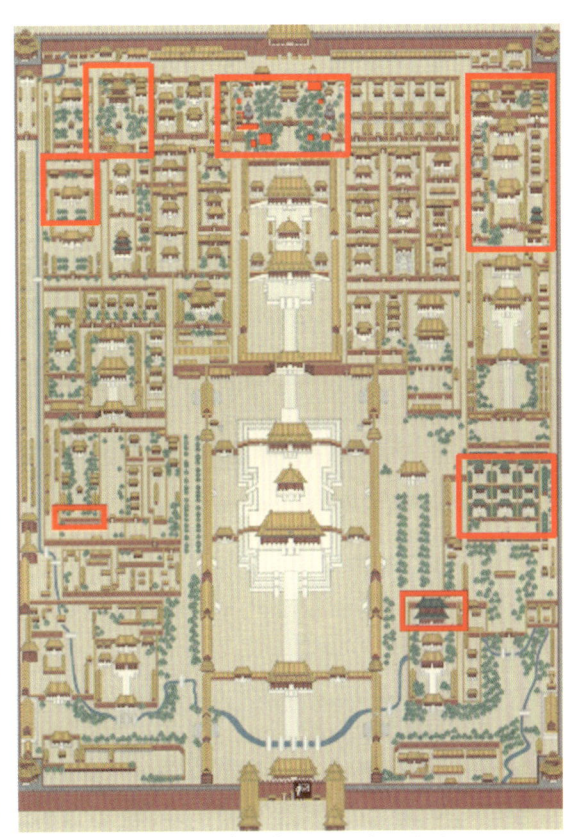

图1 紫禁城中山石区域分布图

叠石盆景则因1923年的火灾，部分遭到损毁，根据现在的统计，石、座俱全者共计12处，另有10处有座无石，4处石、座俱残。慈宁宫现存假山1处，位于慈宁宫花园最南部。文渊阁现存假山2处，位于建筑左右两边。寿安宫现存假山1处，位于其北部。而随着时间的流逝，南三所区域的山石景观现已无存。

表1 紫禁城中现存山石数量

区 域	假山	叠石盆景	区域总数
御花园	6	47	53
宁寿宫	5	23	28
建福宫	2	12	14
慈宁宫	1	0	1

续表

区　域	假山	叠石盆景	区域总数
文渊阁	2	0	2
寿安宫	1	0	1
总　计	17	82	99

三、紫禁城中山石的种类

明代开始，山石景观的欣赏角度包含了形、纹、色、质等。当时以追求石材自然之美为主，反对过度粉饰和修整，这对清代拙朴的用石之风造成了深远影响。紫禁城的山石种类以太湖石为主，包含英石、灵璧石、石笋、鹅卵石和稀少的宣石、珊瑚石、木变石共计八大类。

太湖石原指产自太湖流域湖中淤泥的奇石，故以"太湖"命名。后来"太湖石"成为一个泛指概念，并根据石灰岩所受侵蚀方式不同，分为水太湖石和土太湖石两类。水太湖石多分布于南方湖泊流域，又称为"南太湖石"，因石灰岩受到水流冲击时被侵蚀，形成各种洞窟、涡洞、褶皱和表面皱纹，故而欣赏的角度在于洞窍的边缘形态以及大小洞之间的错列与贯通。土太湖石则是埋藏于地下，受土壤中成分侵蚀，具有不同造型，多带有土黄色。其分布区域大多位于北方地区，又称为"北太湖石"。特别是用于紫禁城山石构建中的北太湖石，大部分源自今北京市房山地区，又称"房山石"。虽然北太湖石质地不如南太湖石清脆光莹，扣之有声，形态也少了些婉转玲珑，但它往往体态圆浑，孔穴密布而不穿透，更有一种浑厚古拙之气。

图2　御花园四神祠前的英石

英石产于广东省英德市，又称"英德石"，早在宋朝就被列为皇家贡品。在紫禁城中多以叠石盆景的形态存在且数量众多，单是在御花园中，就有27块英石。英石根据储存环境不同，分为阳石和阴石两类。阳石裸露地面，受长期风化影响，质地坚硬，色泽青苍，形体瘦削，表面多折皱，扣之声脆；阴石深埋地下，风化不足，质地松润，色泽青黛，有的间有白纹，形体漏透，造型雄奇，扣之声微。

灵璧石因产自安徽省灵璧县而得名。灵璧石表面沟壑纵横，粗犷雄浑，带有一种凝重感。石色以黑、褐黄、灰为主，其中以黝黑如漆者为佳，还有白灵璧、五彩灵璧等特殊石色，同样受到文人学士喜爱。灵璧石"玉振金声"的音质独特，即用小棒轻击，或手指微扣,都可以发出优美的声音,余韵悠长。

石笋,顾名思义其身修长如笋,又因形似剑,也被称为"石剑",常产于浙江省常山县或云南省内。石笋有锦川(松皮石)、白果笋和钟乳石笋等多种,由细砾和卵石等沉积而成。置景时根据其高度不同,展现高低参差错落之感,或者与其他石料相搭配置景,在御花园、宁寿宫和建福宫中都能看到它的身影。

图3　御花园西北角的石笋景观

千万年来的地壳运动使河床隆起,露出砾石,再经过山洪冲击、流水搬运等影响,不断地挤压摩擦,磨去其不规则的棱角和凹凸不平的表面,最终形成了光滑圆润鹅卵石。虽然在紫禁城的山石中,鹅卵石没有太湖石那样惹人注目,但在不少山石景观中都有它的身影,如御花园奇石景观之一的"诸葛拜斗石"和石子路。鹅卵石也是叠石盆景台座上的辅助装饰用料。

图4　御花园内的石子路

宣石产于安徽省宣城市,因其特殊的玉质感闻名。宣石有结晶感,以其色白如玉为上品。刚出土时宣石表面多有赤土积渍,须用刷洗,才见其质,愈旧愈白,如同雪山。由于储藏量低,宣石也成为稀有赏石的代表,宁寿宫花园抑斋前便有一处宣石陈设。

除了上述山石类型外,紫禁城内还有若干类特殊的化石类山石,木变石便是其中一类。木变石,又名硅化木,是至少几百万年前的树木,遭受地震、泥石流等自然灾害深埋地下,树木周围的化学物质如二氧化硅、硫化铁、碳酸钙等在地下水的作用下进入树木内部,替换了原来的木质成分,保留了树木的形态从而形成的。现如今,木变石在御花园、建福宫和宁寿宫都能见到,当然最负盛名的还是乾隆年间福僧阿进贡并自此陈设在御花园的那块。乾隆皇帝十分喜爱这块傲然独立、风骨依旧的木变石,曾亲自题诗一首并刻于化石表面。可惜风雨侵蚀,其表面诗文现已模糊不清。

此外,御花园内还有一类以珊瑚石制作的盆景也很有名,天一门外就有两处,尤其有一块因形似上百条海参层层叠叠,甚至可清晰看到海参表面密密麻麻的触手,俗称为"海参石",并与"诸葛拜斗石""木变石"一同为"御花园三大奇石"。

图5 御花园绛雪轩前的木变石

图6 御花园天一门前的海参石

四、紫禁城山石的营造方式

1. 假山

图7 御花园中的石洞

用于建造假山的石料通常巨大且厚重，每块石料之间也不会严丝合缝，这时就需要使用各类不同的连接材料，将这些石料连接在一起，建造出一处处连绵起伏、回环曲折的假山。这类连接材料分为黏合剂和铁构件两大类。

关于假山黏合剂的记载最早出现于宋代《营造法式》中。如"壁隐假山，石灰三十斤，粗墨十斤""垒石山，石灰四十五斤，粗墨三斤"。可见，当时是用水、石灰和粗墨按照一定比例调配制成黏合剂的。明末的《天工开物》中也有关于黏合剂的记载："灰一份，入河沙、黄土二份，用糯米、羊桃藤汁和匀，轻筑坚固，永不堕坏，名曰三合土。"黏合剂较之前虽然用料配比更为复杂，但坚硬程度大大提升，其中羊桃藤即中华猕猴桃，其汁本身带有特殊气味，增加了驱虫功能。除此之外，还加入桐油、明矾、草灰和麻筋等材料。从紫禁城中现存的假山连接处来看，多为加入桐油（泛黄，如宁寿宫区域假山）和麻筋（泛白，如御花园区域假山）的黏合剂。

至于铁构件，明代尚不明确，已知清代紫禁城中使用的铁构件为铁扒钉和特制铁扁担这两类。一般要求虽连不露，单看假山外表很难发现。紫禁城宁寿宫花园假山内的铁扒钉，用熟铁打制，长约80厘米，宽约10厘米，厚约7厘米，是类似订书钉的铁件，两端弯头打入石中约9厘米，用以连接两块石料，最后在上面叠加山石以遮盖。铁扁担常作为石梁下面的垫梁，用来加固假山山洞。它的两边呈直角上翘，要求翘头要略高于其所支撑石梁的两端，以求稳固。

假山造景方式主要以石料堆叠为主，细分为平衡之法和拼叠合纹。平衡之法即靠山石自身的重心稳定以及山石之间的相互挤压靠牢，辅以连接材料（黏合剂和铁构件），建成一处处层峦叠嶂的假山景观。拼叠合纹就是将松散、无联系的自然之石，组合成具有一定造型表现力的叠山景观，赋予其自然感。具体分为相石、合纹和拼叠。相石即通过观察石料的形状、成色、纹理

图8　文渊阁左侧的假山

和材质，将其放置于合理位置。例如，南北太湖石就不宜堆放于一处，因为颜色不同；位于底部的不宜为裂缝多、风化程度深的石料；位于顶部的宜为多窍玲珑之石。合纹和拼叠实为一体，需要将每块石料的纹理脉络统一，不可随意拼叠在一起，减少人工痕迹，展示自然之感。

2. 叠石盆景

叠石盆景有别于假山，是单个或多个石料在一起加上台座所构成的山石景观，其台座多具特色，俨然另成一景。根据自身材质不同，分为石料台座、半石半琉璃砖台座、半石半铜台座和木料台座四种，可惜木料台座现皆不存。

石料台座常见于单个石料景观中，常见类型有须弥座（须弥圆形座、须弥方形座和须弥山形座）、圆盆座、方盆座、山形座和复合式座（复合式台座圆盆和复合式台座方盆）。须弥座本是源于印度用于放置佛像的台座，后广泛用作各类物件的底座，在紫禁城三大殿和影壁中都能看到须弥座的身影。圆盆座和方盆座以台座的形状命名，多与须弥座互相组合。山形座即将台座做成山石的形状。复合式台座多用于石笋和木变石这类细长形叠石盆景中，常为下层覆莲座，中层花罐，上层圆（方）盆（钵）。

图9 御花园内英石盆景上的月宫仙兔图案

石料台座的表面还常常会刻画非常有意思的图案，像是御花园西北角的英石台座表面刻画了月宫仙兔图案。或是将台座造型与石料造型相匹配。例如，御花园四神祠前的英石盆景，英石造型如大鹏展翅，配合以水波纹为主的台座，营造出鹰击长空之感。

半石半琉璃砖台座和半石半铜台座多用于大型叠石盆景中，且以太湖石为主，在御花园内和宁寿宫内皆有分布。例如，御花园内的半石半琉璃砖台座，上层为一圈琉璃栅栏，表面以宝瓶加以灵芝的造型装饰；台座为须弥座，其上下为石料，中间为琉璃烧制，表面饰有龙纹和卷草纹。半石半铜台座在御花园内和宁寿宫也有分布，仅上层为铜质。

图10 御花园绛雪轩前的半石半琉璃砖台座

　　单个石料的造景方式主要以叠石盆景为主，在配上不同的台座后，独立成景，或是成对出现于门两侧，有些还会多组出现，如御花园天一门两侧各有六处，总计十二组叠石盆景。有些大型石料甚至会在台座中种上植物，用竹类、藤萝和牡丹等花草作点缀，按照画作的构图原理，通过孤植和丛植的手法，使花草与叠石盆景相互呼应，寓情其中，疏密有致，错落相间。御花园这类叠石盆景的布景，就类似于苏州狮子林中的布局，这是乾隆下江南赏狮子林之后，下令让工匠仿其景布置的。

五、结语

山石是紫禁城中极具特色的风景,其中包含了中国园林悠久的发展历史和代代相传的工艺技巧,值得我们去深度挖掘其背后所蕴含的人文精神。大大小小的石块在工匠手中,通过高超的工艺,成为一处处野致自然的山石景观。这其中的设计理念,蕴含了文人雅士在文学、绘画上的造诣。正如宋代著名诗人苏轼的《题西林壁》中所描绘的"横看成岭侧成峰,远近高低各不同":正看绵延起伏,郁郁葱葱,侧看则峰峦起伏,奇峰突起,耸入云端;从远处和近处不同的方位,所看到的山色和气势又不相同。紫禁城中的山石正是如此,以小窥大,蕴含着"诗情画意"。今日让我们共同欣赏这些内涵丰富的山石景观,去了解、去感悟古人悠闲雅逸的精神世界。

参考文献

[1] 孙承泽.天府广记[M].北京:北京古籍出版社,1982.

[2] 刘若愚.明宫史[M].北京:北京古籍出版社,1980.

[3] 高士奇.金鳌退食笔记[M].北京:北京古籍出版社,1980.

[4] 于敏中,等.日下旧闻考[M].北京:北京古籍出版社,1981.

[5] 空间与陈设编辑室.宫·帝王的花园[M].北京:故宫出版社,2017.

[6] 章乃炜,等.清宫述闻[M].北京:紫禁城出版社,2009.

[7] 吴振棫.养吉斋丛录[M].鲍正鹄,点校.北京:北京古籍出版社,1983.

[8] 晋宏逵.故宫建福宫花园的赏石台座[J].故宫博物院院刊,2020(10).

[9] 林有麟.素园石谱[M].杭州:西泠印社,2017.

[10] 刘敦桢.苏州古典园林[M].北京:中国建筑工业出版社,2005.

[11] 王劲韬.中国皇家园林叠山研究[D].北京:清华大学,2009.

[12] 计成.园冶[M].北京:中国建筑工业出版社,2018.

[13] 李远.内蒙古阿拉善盟额济纳旗拐子湖白垩系硅化木[C]//中国古生物学会第十一次全国会员代表大会暨第27届学术年会论文摘要集,2013.

[14] 李诫.营造法式[M].南京:东南大学出版社,2005.

[15] 宋应星.天工开物[M].管巧灵,谭属春点校.长沙:岳麓书社,2002.

[16] 中国科学院自然科学史研究所.中国古代建筑技术史[M].北京:科学出版社,1985.

宫阙深深，瑞兽迎门——紫禁城的看门瑞兽

◎ 谭梓欣

"看门瑞兽"指的是在大门附近，成对出现的动物雕塑。这些动物，无论是在现实生活中可以见到的，或是神话传说中记载的，往往具有祥瑞的寓意。这样的瑞兽雕像难以找到一个合适的词作为概括，姑且将它们统称为看门瑞兽。

紫禁城中现存的看门瑞兽共四类十一对，分别是八对狮子、一对象、一对麒麟和一对獬豸。其各自表露在外的材质、年代、形象，以及背后蕴含的历史和文化寓意，均值得深入地剖析与探讨。

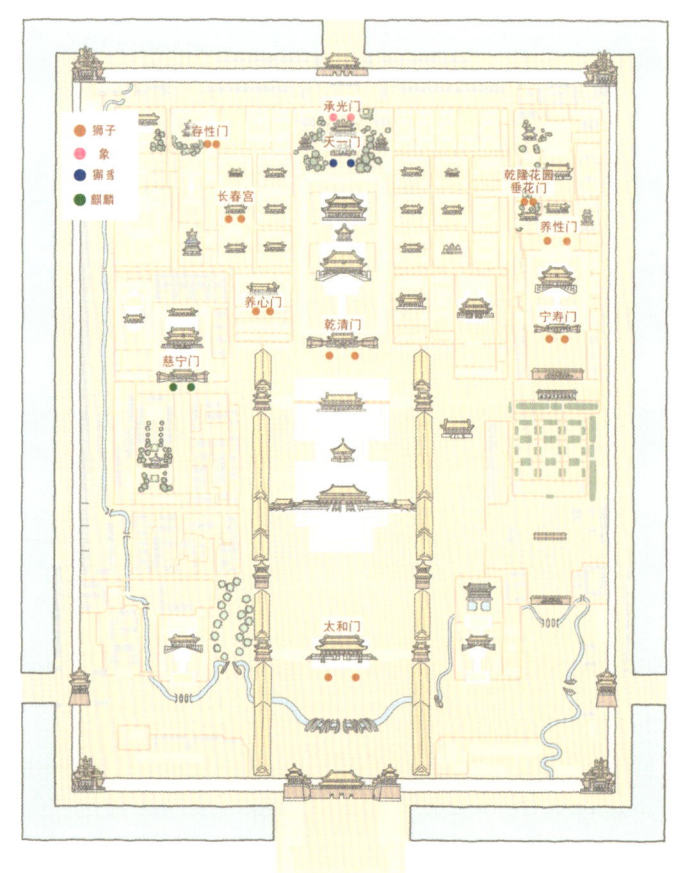

图1　紫禁城中看门瑞兽分布图

一、狮子

说到看门瑞兽,狮子是其中最为人熟知,也是最常见的一种。因为不仅古代建筑,一些现代建筑的门口也会摆放狮子雕塑。狮子作为中国最常见的看门瑞兽,拥有很长的历史。中国狮子雕塑的特点在于它们的形象与自然界中的动物狮子往往具有比较大的差别,这种差别源自我国与狮子之间的独特历史。

狮子是自然界真实存在的动物,主要分布在亚洲和非洲,生活在亚洲的狮子被称为亚洲狮,曾一度分布在中亚、西南亚,如今还有少量生活在印度。现在我们知道狮子是真实存在的动物,而且可以轻而易举地在电视或动物园看到狮子,然而中国并非狮子原始的栖息地,在古代中国,狮子并不是轻易能见到的动物。

中国人见到真实狮子的记录可见于《后汉书》"月氏国遣使献扶拔、师子"及"(安息国)章帝章和元年遣使献师子……(永元)十三年,安息王满屈复献师子"等记载。月氏国位于中亚,安息国位于西亚,两个国家在当时都是亚洲狮的原产地。狮子被作为送给汉代皇帝的礼物,进入中国人的视线。

狮子因迅猛威武,受到人们的喜爱。自汉代起,人们用艺术的形式将狮子刻画出来,狮子艺术从而得以发展。我国狮子雕像的一大特点是与真实的狮子形象相去甚远,这与它的开端脱不了关系。具体来说,影响汉代狮子艺术造像的因素有三:一是虽然汉代已有狮子传入中国的记录,但传入数量不多,真正能够见到狮子的人更是少之又少,普通人听闻狮子的名字,知其威武的特点,却不知这种动物真实的样子,创作雕像的工匠只能凭其想象,结合当时已有的神兽(如天禄、辟邪)形象进行制作。二是汉代丝绸之路的开辟促进了不同国家和地域之间的交流,也促进了不同文化之间的碰撞。中国狮子形象受到西域国家有翼狮子形象的影响,早期狮子的造像往往带有翅膀。三是汉代也是佛教传入中国的时期,佛教中狮子的神圣地位也为这种动物再添一个神圣的光环,更增强了它神兽的特性。这三个因素决定了我国狮子艺术的开端,致使汉魏两晋打造出的狮子雕像与其他神兽雕像差别不大,昂首挺胸,呈行走状,拥有翅膀、瘦长的身躯和"S"形的脊椎。

将狮子神化的思想不仅反映在雕塑作品中。《穆天子传》中记录了一种名为狻猊的神兽,可跑五百里,学界普遍认为此书的成书时间不晚于汉代且记录了周穆王在西域旅游的见闻。同时,于战国至两汉之间成书的辞书类文献《尔雅》则将狻猊的形象和习性记录下来。晋代文学家郭璞为二书作注,认为狮子就是所谓的狻猊,产自西域,且以虎豹为食。根据《尔雅》对狻猊形似虦猫的描述,他也将狮子比作虦猫,即短毛虎。我国是老虎的原产地,所以人们能够见到老虎且认为老虎是威武的动物。狮子貌似短毛虎,还吃老虎和豹子,甚至比老虎更威武。两则文献中的狻猊是迅猛、威武的神兽,晋代郭璞则直接将此神兽和真实的动物狮子联系起来,这说明人们虽知道有狮子这样一种动物,但由于其不常见的特质和佛教中狮子神圣地位的影响,依旧认为它具有神

兽属性。时至隋唐，由于国家统一、国际交流更加密集，越来越多的狮子进入中国，同时越来越多的人有机会看到真实的狮子，狮子艺术造型在保有一定的神化基础上多了点写实性，它们眼球圆大、鼻子宽、嘴巴深广、肌肉发达、动态活跃，身体比例更加标准。同时，随着人们对狮子了解的加深，狮子和狻猊、天禄、辟邪的意思和形象逐渐出现分化，狮子指现实中能够见到的动物，而狻猊、天禄和辟邪则多在民俗和神话传说中指代特定的神兽。

狮子雕塑的形制在宋代基本定型。宋代市民阶层兴起，中外交流和交通贸易更加发达，狮子艺术品开始以营利为目的，从大型转为中小型，由宫廷转向民间。另外，由于宋代重文抑武，狮子造型也比前代缺乏气魄，由猛转驯，狮子颈部带有铃铛，肌肉也不如前朝狮子那般发达，守门狮子多为蹲踞式。中小型的、颈部带有铃铛、蹲踞式的狮子在明清时期非常流行。明清时期，狮子雕塑力图恢复唐代雄迈的作风，但抵不住商品化和世俗化的趋势，艺术形象继续沿着官僚和中下层平民的审美取向发展，装饰纹样虽然繁复优美，但神态更加失去迅猛威风的风范，尤其清代皇家园林中的狮子更加趋向形式化。

梁思成先生曾将中国狮子艺术的发展简练地概括为始于东汉，盛行于唐，定型于宋，普及于明清。值得注意的是，中国狮子雕塑艺术的形态特征于每朝每代都有一定的特点，但这些改变都是循序渐进的，而非每当改朝换代就进行一次整体变形，尽管这些高度概括的时代特点可以辅助理解我国守门狮子形象上的流变，但在遇到个案时，不应简单地以某一时代的特点轻易为其断代，仍要具体问题具体分析。

故宫现有守门狮子八对，分别位于太和门、乾清门、存性门、养心门、长春宫、宁寿门、养性门和乾隆花园第二进垂花门外。八对狮子可按照材质分为铜、铜鎏金和石质三类；按照形象特点可以大致分立耳和垂耳两类，其中乾隆花园第二进垂花门前的石狮子与其他两类形象有所差别，但也体现出明清狮子雕塑的特点。每对狮子中左侧和右侧的形象略有不同，门左侧（按紫禁城坐北朝南的方位，即东侧）的狮子右脚踩绣球，象征一统寰宇，是一只雄性的狮子。门右侧（西侧）的铜狮左脚下有小狮，是母狮抚养小狮的体现，通常被认为是雌性狮子，象征皇室子嗣延绵。

表1 狮子位置、材质、形象

编号	位置	材质	立耳/垂耳	铭文
1	太和门外	铜	立耳	
2	养心门外	铜鎏金	立耳	
3	存性门外	铜鎏金	立耳	大清乾隆年制
4	长春宫外	铜鎏金	立耳	
5	乾清门外	铜鎏金	垂耳	大清乾隆年造

续表

编号	位置	材质	立耳/垂耳	铭文
6	宁寿门外	铜鎏金	垂耳	大清乾隆年造
7	养性门外	铜鎏金	垂耳	大清乾隆年造
8	宁寿宫花园第二进垂花门外	石	垂耳①	

太和门外的一对铜狮是故宫现存最大的一对，铜狮高度2.4米，蹲在0.6米的铜座上，下面还有1.32米的汉白玉须弥座。主流观点认为这对铜狮可能是明代的，如杜迺松先生就曾提到，从它的造型和铸制等方面推测，可能是明代的。太和门外的这对铜狮属于立耳铜狮，狮子耳朵轮廓较尖，双耳紧贴头部并警觉地竖立着。类似形象的狮子在宫中还有三对，它们形象相似又并非完全相同，在装饰纹样上有细微差别。

图2　太和门西侧铜狮

图3　长春宫东侧狮子

比如长春宫外的一对铜狮也是立耳形象，其特别之处在于尺寸和摆放位置。这对鎏金铜狮含底座共高0.52米，是故宫现有铜狮中最小的一对，与其他铜狮不同，它被放置于长春宫的宫殿前而非大门前。依据刘畅和王时伟的论证，咸丰九年（1859年），曾将启祥宫改建为长春门，进而与长春宫区域合并为一个院落，这是为了方便身患腿疾、行动不便的咸丰皇帝处理政务和寝居，甚至举行小规模庆典而进行的改造。因此另有

① 宁寿宫花园第二进院垂花门外的狮子虽为垂耳造型，但与紫禁城中其他的垂耳狮子形象有较大差别，特此说明。

学者认为,现在位于长春宫前的这对狮子,可能原先是放置在新长春宫门[①]前,配合长春宫前陈设的铜鹤、铜龟、铜缸以及象征权力的双龙彩绘,打造出一个兼具前朝和后寝功能的院落。

存性门外的一对立耳铜狮,铜鎏金底座有"大清乾隆年制"款,推测这对铜狮是乾隆皇帝改建建福宫花园时安放的。1923年6月,建福宫花园起火,花园中的诸多木结构建筑和皇家珍宝焚为灰烬,这对铜狮幸免于难,并被当时的相片记录下来。

图4 修复后存性门前的狮子

图5 火灾后存性门前的狮子

紫禁城中垂耳造型的狮子共有四对,除宁寿宫花园中的一对石狮子外,其余皆为铜鎏金材质,腹部有款,皆指明它们的铸造时间为乾隆年间。其中据《清宫内务府造办处档案》可知,宁寿门前的这对狮子重达7664斤,是乾隆三十六年(1771年)用观象台和掌仪司上的两座旧天文仪熔掉重做的,于乾隆四十年(1775年)安放于宁寿门前。

二、象

象和狮子一样,是现在人们生活中能够见到的动物。与狮子不同的是,象曾在我国分布范围较广,曾北至黄河流域。后来随着环境和社会因素的变化,象的分布才逐渐向南退缩,如今还有少量生活在云南。

象力能扛鼎,性格温顺,容易被驯服,是美好的象征。古籍中有不少人们使用象的记录,如《吕氏春秋》中就有商代人们驯服大象用于征战的记载,历史上也屡见大象被用于战争的记录。

明清时期,象更用于礼仪活动。为配合礼仪活动,北京城内曾饲养大象。《明宫史》记载明代有两个象房:一个隶属御马监,一个叫外象房;当御马监的象不足九只时,

---

[①] 新长春宫门后又改为现在的太极殿。

外象房会补足御马监大象的数量。清代从顺治元年设置驯象所东、西二司,驯养皇帝的仪仗队,也就是皇帝卤簿中所用的大象。生活在北京的大象,在每年夏天都要例行洗澡,这对于京城百姓来说是盛夏必赏的乐事。明人在《帝京景物略》中记录,三伏日是洗象的日子,锦衣卫官员以旗鼓迎象出顺承门(今宣武门),大象依次进入河中洗澡,两岸有成千上万的市民围观。清代也不例外,《帝京岁时纪胜》记载銮仪卫驯象所在三伏日洗象,有官员设仪仗鼓乐引导大象到河中沐浴,都城人民都在岸边观望,岸边水泄不通。

紫禁城中的铜象雕像位于御花园承光门内,高1.1米,长1.6米,宽0.8米。这对铜象与其他动物雕像不同,前腿也呈弯曲状,象的整体形象呈现跪姿而非蹲式。

光绪朝《钦定大清会典图》对皇帝卤簿中使用的"导象""宝象"进行了文字和图像的记录,其中宝象装饰的几个重要特征为络首,即头部被套住,胸前悬挂朱缨、铜铃各三个,背部有垫子,上绘金龙彩云。

图6 《钦定大清会典图》皇帝卤簿宝象线描图

图7 御花园东侧的跪象

据《钦定大清会典图》对宝象的描述,结合御花园中跪象身上的装饰,不难发现它们的装饰有相似之处,不禁让人联想到大象在明清时期礼仪上的重要作用。这对大象穿戴华丽装饰,四肢弯曲,仿佛是在恭迎主人。

三、麒麟

麒麟是家喻户晓的瑞兽。关于麒麟的形象,《说苑》中记载,它有鹿的身体、牛的尾巴、头顶有一圆角,是一种仁兽。麒麟与"仁"的联结紧密,有关它的传说故事几乎和"仁"相关。如《左传》记载:鲁哀公十四年春,有人狩得一麒麟,大家都不认识这种动物,孔子看到,认为这是麒麟,悲痛万分。对此,晋人杜预在其注疏中解释:仁兽被捕获意味着周道不兴,从而引起孔子的感伤,绝笔《春秋》。由此看出麒麟是"仁"的象征,它的出现是国家兴盛的表现,而它被捕获被认为是仁义的败坏、国道的衰败。《诗经·国风》中有诗以麒麟的仁义蹄子象征了公子的仁厚。麒麟的蹄子虽然拥有攻击的能力却从不使用,也是它仁义的象征。故宫博物院藏《历朝贤后故事册》之《麟趾贻休》

册页中有"麟性仁厚故其趾亦仁厚，文王后妃仁厚故其子亦仁厚"之说，即以麒麟仁厚之趾比喻太姒仁厚，所以她的孩子也很仁厚。

图8 （清）焦秉贞《历朝贤后故事册》册页三　　故宫博物院藏

在民间，麒麟的出现还寓意着新生命的诞生。民间流传着麟吐玉书的故事：传说在孔子诞生前，一只麒麟出现在孔子家门口，嘴中吐出玉帛后消失，随后孔子就诞生了。除此之外，民间还有不少以麒麟送子为题材的吉祥图案，表达了麒麟所蕴含的美好寓意。

紫禁城中的麒麟雕像位于慈宁门前，铜鎏金质。慈宁宫区域是太后太妃的生活区，慈宁宫更是这一区域举行盛大活动的重要礼仪空间。因此，在慈宁门前放置麒麟雕像，寓意太后太妃仁厚，所生的皇室子嗣也都仁厚。

图9　慈宁门前的麒麟

图10　《光绪大婚图》中慈宁门前的麒麟

我们现在都认为麒麟是神话传说中的动物,而明代则曾一度将一种现实里的动物当成麒麟,那就是长颈鹿。长颈鹿的长相与对麒麟形象的描述非常相似。与前文提到的《说苑》略有不同,《尔雅注疏》中提到麒麟有獐子的身体、牛的尾巴和马的蹄子,这些都基本符合长颈鹿的形象特征。但长颈鹿最显眼的特征是它长长的脖子,若长颈鹿真的是麒麟,想必古籍文献不会忽视这一特征,所以明代人们将长颈鹿看成麒麟,实际还有另一重意思。学者王光尧指出,"麒麟"入明始于永乐十二年(1414年),由榜葛剌进贡,它"有王者则至,无王者则不至"的特殊寓意更加稳固了永乐皇帝的统治。结合永乐皇帝发动靖难之役获取皇位的史实,将入华的长颈鹿变为麒麟,符合当时的政治需求。

四、獬豸

獬豸也是神话传说中的动物。《兽谱》中记载:獬豸性格正直,见到人在打斗就会用角顶做得不对的一方,听到人在争论就去咬理歪的人,亦被称为任法兽。因此,执法人员都以獬豸的角为形状,做成帽子戴在头上。可见獬豸是能辨善恶忠奸的神兽,蕴含了公平公正的原则。獬豸与"法"有不解之缘。"法"的古字为"灋",许慎《说文解字》中解释"灋"字,用了"平之如水"四个字,表达法应像水一样平整、没有偏颇。"灋"字的右半边是上下结构,上为"廌"字,下为"去"字,其中的"廌"就是獬豸,可见獬豸与法律是紧密相关的。虽然灋字被简化为法字,但獬豸在传统文化中类比于法律的地位没有改变。

明清时期的官服制度中即能看到獬豸。补服制度是官服制度中重要的一环,明洪武二十六年(1393年)定风宪官用獬豸花样。清代顺治九年(1652年)提准督察院按察司官,不论品级,全部使用獬豸补子。补服制度的细节随朝代更迭略有变化,但獬豸作为法律公平性代表的地位始终没有改变。

紫禁城中的獬豸雕像位于御花园天一门外,铜鎏金质,长约1.3米,宽约0.35米,高约1.35米。这对獬豸镇守的院落以钦安殿作主体建筑。钦安殿是紫禁城中重要的道教活动场所,在此放置獬豸,可能因为它与道教所重视的"法"之间的渊源。学者周乾提出观点,在天一门外摆放獬豸,或许是为了宣扬道教,保护皇帝从事道教活动不受侵犯。

图11 天一门东侧獬豸

紫禁城中的獬豸与麒麟在形象上大同而小异,因此观众在参观时,容易将獬豸错认成麒麟,其实在区分麒麟和獬豸这件事上,可以认准两个特征:一是獬豸头上只有一角,此角是明辨是非的象征,而麒麟头上,尤其是明清时期的麒麟形象,一般都是两角，偶尔才有一个角；二是獬豸有锋利的爪子，用于惩恶扬善，而麒麟则是象征仁义的蹄子。

五、结语

显然，獬豸和麒麟这种瑞兽的形象在历史上多有变化，这是由于它们出现在神话传说中，形象多见于文献中的文字描述或当时人们口耳相传的话语中。这样的瑞兽在雕塑时大都结合了工匠的想象，致使同一种瑞兽的形象往往千差万别，有的甚至会与文献的记载相去甚远。但这些虚构，或掺有虚构成分的瑞兽形象只是载体，它们代表仁义的蹄子或是象征公平公正的角，尽显人们对公平、和平、礼制社会的向往之情。

现实中常见的动物亦是如此，它们按照各自的习性生活在自然界中，行为本身不具人文属性，但人们常常为它们"添上一笔"，以传达自己心中所盼，如象征喜气临门的喜鹊，象征财源广进的蟾蜍。此外，人们还会用人世间的美好品质概括动物的自身特点，比如代表勤恳劳作的牛，代表温驯敦厚的大象。狮子作为具有神兽性质的真实动物，最早被认为是神话传说中的瑞兽，即使后来人们能在现实中见到它，也丝毫不减其任何神兽属性，人们依然认为它是迅猛威严的象征，依旧广泛地使用它的形象镇守大门。

事实上，人们使用这些瑞兽的形象做雕塑或装饰纹样实则都是在传达自己的愿望。所以当我们在欣赏这些瑞兽雕像或图像时，除了专注它们的形象，还更应该理解其背后承载的意义。

参考文献

[1] 穆天子传[M].高永旺，译注.北京：中华书局，2019.

[2] 郭璞，邢昺.尔雅注疏[M].北京：中华书局，2010.

[3] 梁思成.中国雕塑史[M].天津：百花文艺出版社，1998.

[4] 余太山.两汉魏晋南北朝正史西域传研究[M].北京：中华书局，2003.

[5] 李零.入山与出塞[M].北京：文物出版社，2004.

[6] 赵广超.紫禁城100[M].北京：故宫出版社，2015.

[7] 杜迺松.故宫的铜狮[J].故宫博物院院刊，1980（1）.

[8] 刘畅，王时伟.从现存图样资料看清代晚期长春宫改造工程[J].故宫博物院院刊，2005（5）.

[9] 杨文概.奕䜣并长春宫启祥宫为一宫的前因后果[C]//中国紫禁城学会论文集：第六辑：上，2007.

[10] 中国第一历史档案馆，香港中文大学文物馆.清宫内务府造办处档案总汇[A].北京：人民出版社，2005.

[11] 陈明勇，等.中国亚洲象研究[M].北京：科学出版社，2006.

［12］吕不韦.吕氏春秋［M］.毕沅,辑校.北京：中华书局,1991.

［13］刘若愚.明宫史［M］.北京：北京古籍出版社,1980.

［14］大清五朝会典［M］.北京：线装书局,2006.

［15］刘侗,等.帝京景物略［M］.北京：北京古籍出版社,1980.

［16］潘荣陛.帝京岁时纪胜［M］.北京：北京古籍出版社,1981.

［17］周乾.故宫兽像负载的文化与历史［J］.决策探索：上,2019（4）.

［18］清会典图［M］.北京：中华书局,2013.

［19］刘向.说苑［M］.王天海,杨秀岚,译注.北京：中华书局,2019.

［20］阮元.十三经注疏［M］.北京：中华书局,2009.

［21］左丘明,杜预,孔颖达.左传注疏［M］.上海：海古籍出版社,2017.

［22］王光尧.永乐皇帝的麒麟——海外考古调查札记（四）［J］.故宫博物院院刊,2021（7）.

［23］故宫博物院.清宫兽谱［M］.北京：故宫出版社,2014.

［24］许慎,段玉裁.说文解字注［M］.上海：上海古籍出版社,1988.

［25］申时行,等.明会典［M］.北京：中华书局,1989.

［26］周乾.故宫御花园内的铜獬豸造像［J］.北京档案,2018（9）.

穿越千年的"中国风"——紫禁城的屏风

◎ 阚红敏

屏风在中国古典家具中一枝独秀,是中国最古老的家具之一。明代的文震亨就曾在其名作《长物志》中提到,"屏风之制最古"。屏风的演变历史反映了从古至今人们审美观念、起居方式的发展变化,可谓中国古典家具中美学与功能紧密结合、实用性和观赏性高度统一的典范。目前,故宫博物院收藏有上万件明清家具,屏风作为其中重要的一类,昔日深受皇家的喜爱与青睐。

图1 清代黄花梨木边座嵌鸂鶒木雕山水屏风　　故宫博物院藏

一、屏风的历史与发展

屏风指室内挡风或作为屏蔽的用具。它的历史非常久远,《格致镜原》中有"夏禹作屏"的记载,这种说法跟"仓颉造字""神农氏种植五谷"等一样,大都没有实物考证,神话传说色彩浓厚。

史料中的屏风，最早可追溯至西周时期。《尚书》载"狄设斧扆、缀衣"，记录的是周成王去世后，太子钊受册命仪式时，大殿陈设中使用了斧纹屏风和礼服。最初屏风因装饰有斧头的纹样，被称作"黼扆"或"斧扆"。《逸周书》中"明堂之位天子之位，负斧扆南面立率公"的语句，也记载了周天子举行庆典时背靠屏风、南向而立的场景。那时的屏风并非日用家具，而是国家重大典礼活动或祭祀仪式等场合中的陈设，与政治紧密相联。关于西周屏风史事的记载，多是出自后人的整理和建构，真实性尚且存疑。

目前考古发掘中所能看到的最早与屏风相关的实物，是1977年于战国中山国国王墓出土的错金银虎噬鹿铜屏风座。整件器物长51厘米，高21.9厘米，重26.6公斤，用极具特色的造型语言再现了虎噬鹿的生动场景。屏风的扇页原为漆木质，出土时已经腐朽。由此可见，屏风的造型装饰在战国时期已有极大发展。屏风底座为青铜瑞兽，以髹漆、彩绘、雕刻等多种技法进行装饰。而且这一时期屏风的使用对象范围越来越广泛，诸侯王公贵族都可陈设以彰显其地位。如西汉司马迁的《史记》中就有"孟尝君屏风后，常有侍使记客语"的记载，讲的是战国四君子之一的孟尝君在与门客叙谈过程中使用屏风家具的情况。

秦汉时期，屏风已经在居室内开始普遍使用，发展呈创新之势。目前通过汉代王侯贵族墓葬考古中发掘出的屏风实物及画像石资料可以看到，汉代的屏风造型多以一字独扇型为主，如1972年，湖南省长沙马王堆一号汉墓出土的木质彩绘漆屏风，造型就是典型的"一"字形。除独扇屏，还发展出多扇屏，像山东安丘东汉画像石中描绘有很多类似于"┐"形的两扇屏、广州象岗山南越王墓出土一件多扇屏风。象岗山南越王墓出土的屏风，体量较大，结构奇巧，左右两侧折屏用有转轴的折叠铜构件相连，可进行180度的开合。得益于金属制作技艺的成熟，这一时期屏风扇页间的连接构件样式呈现多元化，如承插构件、合页构件、门轴和折叠构件等都有所创新，屏风多与床、榻、坐卧用具等组合使用，较为方便实用。

魏晋时期，屏风的装饰性有所发展，内容越发广泛，除山水、人物、野兽外，还出现了书法，如北魏司马金龙墓漆屏风画中，可以看到大片题榜文字，字体秀丽遒健。一些书法屏风上还抄录有古诗，作为幼童的教育启蒙工具，功用得到进一步拓展。当时也已广泛使用曲屏，这是一种可折叠的屏风，造型、功能与后世常见的围屏类似。在顾恺之的一些绘画作品中，出现了三扇、五扇、六扇等可折叠使用的曲屏，可使大家直观地了解曲屏的使用场景。

隋唐至五代时期，人们的生活由传统的席地而坐逐渐转变为垂足而坐，家具也随之变高大。屏风以落地式为主，形制上依然延续前朝，而制作上却异常讲究。材料多用云母、水晶、琉璃等；在工艺上，用象牙、玉石、珐琅、翡翠、金银等贵重物品镶嵌；装饰题材上，得益于唐诗的发展和山水、花鸟画科的进步，多描绘山水花鸟，诗屏、画屏成为主流。

图2　顾恺之《女史箴图》（宋摹）
故宫博物院藏

图3　顾恺之《列女仁智图》（宋摹）　故宫博物院藏

图4　周文矩《重屏会棋图》　　故宫博物院藏

及至宋代，屏风日益普及，造型可分为独屏式和多屏式，以山水画屏为最多。屏风底座由简单的墩子发展成为具有桥形底墩、桨腿站牙及窄长横木组合而成的宽大底座。屏风的陈设方式丰富多变，可以跟其他家具灵活组合，功能被演绎得淋漓尽致。宋代文化的繁荣兴盛为屏风发展提供了丰厚滋养，挂屏、砚屏等新颖的屏风形式开始出现。除实际功能外，宋人十分看重屏风的审美、象征意义，将其作为一种精神文化的载体。

明代屏风制作更为精巧，出现了有名的"披水牙子"样式，屏风底足大多为鼓墩式。在屏风装饰设计上出现了"巴达马"座屏风。它的造型十分有特点，中间的屏风扇页高、宽、大，两侧扇页向里收，高度往外逐渐降低。底座一般为"八"字形的须弥座式，纹样丰富，通常装饰有仰式莲花瓣、覆式莲花瓣等，上端还装有屏帽，分别用榫衔接。

清代的屏风集历代之大成，不仅种类齐全，而且继承了传统的曲屏、座屏等形制，插屏与挂屏更是风靡一时，为世人津津乐道。相较于屏心和底座连为一体的座屏，插屏的所有构件均可拆卸，便于搬运，逐渐成为主流。挂屏纯粹用于室内装饰，强调装饰性，风格极尽奢华、繁缛，在宫廷陈设中大量使用，给人以庄重与富丽堂皇的感觉。

二、紫禁城的屏风

屏风的发展在明清时期达到鼎盛。紫禁城作为明清两朝的皇宫，遗存有大量明清屏风家具，这些屏风形制多样、功能丰富、工艺精巧、装饰华丽，使紫禁城成为研究屏风家具不可或缺的艺术宝库。

1. 形制

紫禁城现有的屏风形制大致可分为座屏、围屏、挂屏三种。

座屏指有底座支撑且不可折叠的屏风。形制较高大者一般陈设在正殿明间宝座后面。从屏风扇数来看，在当时的造办处档案中常见三屏风、五屏风、七屏风等，以奇数为主。从结构上，又分为可拆卸与不可拆卸两种，其中屏扇与底座不相连、可拆可卸的称为"插屏"，形制较小的插屏常置于案几上。

围屏，无底座，屏扇数量或四或六或八，一般为偶数，可折叠较轻便，每扇之间多采用榫卯结构或金属部件相连，使用十分灵活。可多扇曲折摆放，也可中间平列、两边围成弧形。围屏制作工艺一般较复杂，屏心装饰内容丰富。在乾隆时期的档案中记载的较多，深受乾隆皇帝的喜爱。

挂屏，指悬挂在墙上、具有装饰作用的屏风，个别还能起到替代画轴的效果。挂屏一般来说都成对或成套悬挂陈设。在故宫博物院收藏的清代屏风中，挂屏的数量最多，尤其在内廷部分的原状陈列中得到普遍应用。如故宫养心殿东暖阁随安室内就悬挂有一对博古挂屏。博古一词来自《宣和博古图》，指古代器物。一般将鼎、尊、香炉、瓷瓶、玉器、书画、盆栽等作为装饰题材时，都能称其为"博古"。博古纹是中国典型纹饰，能够彰显使用者"尚古"的文人情怀。

2. 功能

紫禁城的屏风除了彰显审美价值，其本身还发挥着不同的实用功能。主要有阻挡气流、礼仪陈设、分隔空间与遮障、装饰美化、法事活动等。

（1）挡风

挡风是屏风的基本功能。故宫作为世界上现存规模最大的古代木结构宫殿建筑群落，建筑大多坐北朝南、南北通透，宫殿内多设有挡风屏风。如储秀宫，

图5　龙泉窑梅子青釉砚屏　　故宫博物院藏

曾是妃嫔居住生活的宫殿，在明间即设有宝座和屏风。北方冬季天气寒冷，屏风可以阻挡寒冷的气流进入大殿内，避免直吹，提升舒适感。值得注意的是，屏风不仅能为人挡风，还可以为物挡风。比如砚屏，就是陈设在砚台一侧，形制如立于案头的小插屏。它在写字研墨时能够起到防止墨水风干的作用，是文人书房重要的陈设物。

（2）象征权力与威严

紫禁城中较大型的座屏或插屏通常陈设在大殿明间宝座的后面，两侧各安宫扇，宝座前设御案，四周陈设有太平有象宝瓶、甪端、香筒等物，整体形成一个独立区域，象征使用者的身份地位。太和殿的屏风与宝座构成皇帝的专属空间，宝座背后陈设一面七扇金漆雕龙屏风。屏风体量高大，其上满饰的龙纹不仅能彰显御座庄重肃穆的气氛，还是皇权威严、身份高贵的象征。

图6　太和殿金漆雕龙屏风　　　故宫博物院藏

（3）分隔空间与遮障

李尤在《屏风铭》中曾如此写道："舍则潜避，用则设张。立必端直，处必廉方。雍阏风邪，雾露是抗。奉上蔽下，不失其常。"这即描述了古人屏风的使用习惯及屏风家具分割空间的功能。清宫旧藏的《韩熙载夜宴图》，将屏风分隔空间的功能体现得淋漓尽致。整幅画分为五段：听乐、观舞、暂歇、轻吹、散宴。每个段落巧妙地以屏风加以分隔，既能分割空间，又能保持一定的通透性，使两个空间有亦隔亦透之感，令场景显得统一完整。

图7　《韩熙载夜宴图》之"听乐"段落　　　故宫博物院藏

在故宫养心殿东暖阁还曾有种特殊的屏风，被用于垂帘听政。垂帘听政是皇帝年幼即位、太后预政的特殊现象。据记载，咸丰十一年十一月初一，慈禧、慈安两太后携载淳于养心殿东暖阁正式垂帘听政，设两太后宝座于皇帝宝座之后，前后宝座之间巧妙陈设一八扇明黄纱质屏风起到遮障效果，满足了古代男女有别的礼教需要。

提及障目遮蔽，紫禁城建筑中有一类"小品建筑"也具有相似功能，它就是影壁。影壁，一般起到屏障和装饰等作用。屏风和影壁在功能上有相似之处，最初两者并没有特别细致的区分，后来随着历史发展两者逐渐区别开来。紫禁城中的屏风与影壁在陈设使用等方面大相径庭。简单讲，前者一般陈设于室内，是可移动的家具，使用较灵活；后者一般陈设于室外，不可移动。

（4）装饰美化

屏风的造型设计、装饰风格可以起到装饰空间、点缀环境的作用。如故宫重华宫芝兰室作为乾隆御临重华宫的休息之所，室内东边炕床上靠墙装饰有十二月花卉纹屏风，整体花卉造型精致，色彩清新，装饰效果极佳。

纯粹用于装饰的挂屏在清宫中大量使用，几乎每座宫殿里面都悬挂着一套乃至数套挂屏。清宫的挂屏独具特色，不仅有长方形、圆形、梅花形、葫芦形等多样造型，而且装饰也颇具意蕴，在美化环境的同时也彰显使用者的审美意趣。如故宫博物院收藏的岁朝图梅花式挂屏，这类屏风的装饰题材及纹饰，往往具有美好的吉祥寓意，表达了人们对国泰民安的良好愿望。

图8 重华宫芝兰室炕屏 故宫博物院藏

图9 岁朝图梅花式挂屏 故宫博物院藏

（5）法事活动

紫禁城中的屏风也曾被用于宗教法事活动中。通过清宫老照片，可以看到御花园澄瑞亭内曾设有一斗坛，斗坛后面是一高大屏风。清代自雍正起于御花园祈禳。有学者认为，这座屏风是专门为斗坛定制的，其凹形的陈设形式符合北斗七星之斗勺形状，屏风上满雕流云纹图案，正面安放斗母像，象征斗母在云天之上。

3. 装饰材质与工艺

紫禁城屏风的制作用料十分考究，边框多以黄花梨、紫檀、楠木、黄杨木、红木等名贵木材为主，屏心用料更是丰富多彩，以竹木、玉石牙角、织绣、金属等材料装饰点缀，相关挂件一般为铜、铁等金属质地。紫禁城的屏风不但材质多样、结构严谨，而且装饰技法更是巧夺天工。屏风的装饰工艺主要有雕刻、镶嵌、漆画、织绣、书法等。下面结合故宫博物院收藏的屏风家具，为大家简单介绍几种常见工艺：

雕刻工艺。我国的雕刻工艺种类很多，包含木雕、石雕、玉雕、象牙雕、漆雕等。其中，木雕刻技术可以追溯

图10　澄瑞亭斗坛　　　民国老照片

到原始社会。明清时期是木雕技术成熟时期，技法主要包括浮雕、透雕、平雕和镂雕等，如故宫博物院藏的乾隆时期紫檀木边座嵌黄杨木雕云龙纹屏风，屏风用黄杨木雕刻龙纹，与紫檀木雕刻的云纹地形成反差，形似一条黄龙在云雾中穿腾，使其更加生动。

图11　紫檀木边座嵌黄杨木雕云龙纹屏风　　　故宫博物院藏

镶嵌工艺。盛行于明清时期，主要以金银、玉石、珍珠贝、水晶、琉璃、珐琅等材质作为原料，充分利用其自然材质、色彩和纹理，与精工雕琢成半立体的山水、人物和花鸟等图案拼、镶、挖嵌于已成型的器物上。

漆画工艺，指以天然大漆为主材的绘画，技法丰富多样，有刻漆、堆漆、雕漆、嵌漆等手法。故宫博物院收藏的大量黑漆描金与剔红雕漆屏风，属于漆画工艺范畴。

织绣工艺，指将棉、麻、丝、毛等纺织材料通过织、编、绣等手法，做成带有优美图案、花纹或文字的织绣品，是我国传统的民族工艺

图12　刺绣风景插屏　　故宫博物院藏

之一。工艺技法花样繁多，有刺绣、缂丝、手工编织等。故宫博物院现存的一件刺绣风景插屏，其针法已完全摆脱传统刺绣套路的限制，色彩的粗细曲直及针法等完全由刺绣作者按画稿所需而定，针脚排列错综不一。屏心画面用透视学原理表现山野、林木、川流的层次感和立体感。

4. 装饰题材及纹饰

屏风装饰题材及纹样，大多来源于生活中常见的事物及形象。人们通过夸张、变形、概括、抽象等艺术化处理，将其装饰在屏风上，表现出独特的东方审美意趣，在彰显特定历史时期审美观念的同时，也体现出中国人民对美好事物的向往。

紫禁城的屏风装饰纹样不胜枚举，主要有龙凤纹饰、祥禽瑞兽、山川流水、树木花鸟、博古纹饰等，也涉及历史典故、神话传说、宗教、书法等多种题材。

图13　彩漆边座嵌点翠万花献瑞图屏风　　　　故宫博物院藏

如彩漆边座嵌点翠万花献瑞图屏风，整扇围屏由十二扇组成，下承八字形底座。整个屏框为黑漆地，以点翠镶嵌工艺装饰十余种不同花卉，组合成"万花献瑞"图。中间为描金折枝花卉，围屏周边以金漆彩绘的边牙及屏帽作装饰。整体造型稳重大方，图案色彩艳丽，装饰效果极佳。

又如掐丝珐琅明皇试马图挂屏，挂屏整体紫檀木框、铜鎏金地，分为左右两扇。左边扇页是以唐代韩幹的作品为蓝本，用掐丝填彩釉技法绘制的《明皇试马图》，人物形象及马的神态生动传神，一丝不苟。右边扇页刻乾隆皇帝的御制诗文，用来以古警今，告诫皇子皇孙勿忘骑射。整件挂屏制作精良，宛如原作纸卷一般。

图14　掐丝珐琅明皇试马图挂屏　　　　　　故宫博物院藏

三、总结

屏风，作为一种充满东方特色的典型家具，几千年来不仅仅是一种实用性和审美性兼得的器物，更是中国传统文化艺术的结晶。传统屏风的历史发展体现了中国审美文化的发展演变。每个时代的艺匠都在屏风上展现自己最完美的手艺，每个时代的文人墨客也在屏风上抒发自己的情感抱负。屏风的造型、屏扇上的图案及文字，都是人类文明发展史上的瑰宝，我们可以从中感受到蕴含其中的文化信息、审美意趣。当今时代，屏风家具在形制、材料、技术、设计上不断地创新，既传承中国传统器物的文化精神，又满足新时代的发展及人民的精神需求，是中华优秀传统文化的独特载体。

参考文献

[1] 文震亨.长物志[M].杭州：浙江人民美术出版社，2016.
[2] 刘熙，毕沅，王先谦.释名疏证补[M].北京：中华书局，2008.
[3] 陈元龙.格致镜原[M].上海：上海古籍出版社，1992.
[4] 尚书[M].顾迁，译注.郑州：中州古籍出版社，2017.
[5] 逸周书[M].孔晁，注.杭州：浙江大学出版社，2021.
[6] 司马迁.史记[M].北京：中华书局，1982.
[7] 班固.汉书[M].北京：中华书局，2012.
[8] 李昉，等.太平御览[M].北京：中华书局，1960.
[9] 周进.鸟度屏风里[M].重庆：重庆出版社，2016.
[10] 邵晓峰.雅居之美：宋画中的家具文化[M].沈阳：辽宁美术出版社，2020.
[11] 陈同滨，等.中国古典建筑室内装饰图集[M].北京：今日中国出版社，1995.
[12] 毛兰芳.中国秦汉时期屏风艺术在现代室内设计中的应用研究[D].长春：吉林建筑大学，2018.
[13] 欧阳询，等.艺文类聚[M].汪绍楹，注解.上海：上海古籍出版社，1998.
[14] 杨雪，王芙亭.中国传统屏风及其文化[J].艺术科技，2014（11）.
[15] 朱莎.屏风的研究[D].南京：南京林业大学，2008.
[16] 王子林.设坛礼斗 氤氲绕屏——斗勺屏风与澄瑞亭斗坛[J].紫禁城，2018（12）.
[17] 故宫博物院.故宫屏风图典[M].北京：故宫出版社，2015.